思达道

最后的诗与文

沈鹏 著

人民美术出版社

北京

图书在版编目（CIP）数据

思远道：最后的诗与文 / 沈鹏著 . -- 北京：人民
美术出版社，2024.8. -- ISBN 978-7-102-09431-1

Ⅰ . C52

中国国家版本馆 CIP 数据核字第 202471HZ76 号

思远道：最后的诗与文
SI YUANDAO: ZUIHOU DE SHI YU WEN

编辑出版　人民美术出版社
　　　　　（北京市朝阳区东三环南路甲 3 号 邮编：100022）
　　　　　http://www.renmei.com.cn
　　　　　发行部：（010）67517799
　　　　　网购部：（010）67517743
著　　者　沈　鹏
责任编辑　教富斌
图片编辑　祁　旺　张　静
书籍设计　鲁明静
内文制作　王　巍
责任校对　朱康莉　王桅戎
责任印制　胡雨竹
印　　刷　雅迪云印（天津）科技有限公司
经　　销　全国新华书店

开本：1230mm×880mm　1/32
印张：7.25
字数：82 千
版次：2024 年 8 月第 1 版
印次：2024 年 8 月第 1 次印刷
印数：0001-2 000
ISBN 978-7-102-09431-1
定价：98.00 元
如有印装质量问题影响阅读，请与我社联系调换。（010）67517850

最后的诗与文

写在前面

汪家明

沈鹏先生一生勤于读书笔耕，早年多作艺术批评，计数百篇，集为著作；晚年专注书法论叙和诗词创作，又数百篇，再再付梓。我曾在他的书案上看到中国古典艺术出版社 1957 年两卷本《中国画论类编》，上面写满批注，书页都破损了。他说已经读了数遍，经常温习。如今，他仙逝一周年，弟子友人整理遗作，编成此册，使关心者能够读到这位耄耋老人、艺术家、诗人，在命途尽头所思所想、所喜所忧，正如他在文章中说的，是"人的终极思考"；能够窥到一位智者最真实、最直接的生命情状。

一

沈鹏先生对书法艺术的认识，是一贯的，他一向提倡书法创作者要重文化，反复说"当代书法艺术创作，一个重要的问题就是书法家重技轻文，缺少文化的支撑与文艺修养的积累"，"书内书外，艺道并进"，要追求雅，谨防俗，但在九十岁前后，他更多想的是："书家有最高境界，古今二人耳。三岁稚子，积学大儒，必具神秀。故书以不学书、不能书者为最工。"三岁小孩不会写字，但是他有童心，他要问我是怎么生出来的？天上的星星能去摘下来吗？天空为什么这样大、这样亮、这样蓝呢？……这些天真的问题，其实也是最深刻难懂的问题，积学大儒穷其一生，最后还要归结到这些简单的问题上。赵之谦这段话，看似极端，也很易懂，可只有年至耄耋才能参透。至于雅俗，沈鹏先生说："不能说文人的画都雅，或说民间年画便俗。从具体作品分析，有时适得其反。齐白石的画公认为雅俗共赏，雅俗共赏的意思之一就是大家都爱看，都能懂。齐白石也有迎合大众的一面，他的作品有时不够严肃，他有的时候绘画写字重复自己的劳动。有人把可重复性当作中国画的传统优点，实在是误解。"

二

沈鹏先生一直倾心书法教育，对书法史了如指掌，且有成见：

中国书法字体，篆、隶、行、楷、草五体书，在其发展中相互渗透。一部分书家在文字字体变化的历史潮流中，勇创新体，获得巨大建树。同时还有更多的书家，在较为稳定的字体形态中，取法古人，发扬自身的个性，发挥创造，也极大地丰富了中国书法审美的多样性。如颜真卿写楷书，字法笔意，每取乎篆籀，深沉博大，在唐人中如一峰突起，其行书，则更是屋漏痕篆书笔法。张旭、怀素的草书，其笔法亦通乎篆书。宋代诸家，如苏东坡、米芾行草，在体势上，都有隶趣。在审美上，借古入今，乃有古趣，也是一般规律。如傅山，写楷书、行草，时常杂糅篆书形体，到清中叶以后碑学运动，书法审美上更呈现出以上古三代金石趣味为追求的现象，极大改变了中国书法史的走向。一时期，碑学成为了书法史的主流。取法金石笔意，甚至取古字进行"合体"的创作现象，在我看来是一种"托古改制"，其间最重要的还是艺术家的原创精神。总体上说，书法艺术的发展、书法家的创造，需要在传统、时代、自我三者的脉络之间寻觅契合与平衡。

短短几百字，有史、有论、有文，比得上一部书。众所周知，沈鹏先生喜欢宋元尚意书法，但看他的作品，似难寻到踪迹。其实他所崇尚的，是不拘旧制，独抒情愫，有情感、有意境，是一种精神、一种内在气度。在这点上，他和苏黄相通。对他的草书作品，无论褒贬，其中的意境情感元素是显而易见的。说实在的，当代书法名家虽多，但作品用功往往只在审美价值，讲究章法和笔力，但重感情、重意境的极少。颜真卿的《祭侄文稿》，苏东坡的《黄州寒食帖》流传千古，关节点不就是其中满含真情实感吗？黄庭坚甚至说，苏东坡再写，也写不出了。在这点上，沈鹏先生的作品在当代独胜一筹。

三

沈鹏先生年轻时受马克思辩证唯物主义教育，看问题一直用两分法，不偏颇，晚年更是想得深。他赞同伽达默尔的观点："传统并不是我们继承得来的一宗现成物，而是我们自己的产物，因为我们在理解并参与传统的过程中，也就进一步规定着传统。"后人对传统不断的理解、诠释的过程，构成了传统本身。同样，"艺术的创造者和艺术的接受者是共同体，是矛盾统一体。艺术家创造着读者，读者创造着艺术家"。假如一件作品产生了，从没有与社会接触，这个作品实际上等于不存在。但同时他又认为："艺术家不能因此迎合所有的观众。寻求知音不限于一时一地。黄公望自谓五百年后方有知音，黄宾虹说自己的画五十年后才有人懂。真正的艺术，是寂寞之道。其魅力往往在时间长河中才逐渐显现，一时的毁誉，不足凭据。"

四

身体病弱，尤其晚年，不良于行，长期蜗居在家，有人说影响创作。沈鹏先生认为："我写诗，并没有刻意地去找一个题材，而是客观的生活，读书、行路给予启发"，"对于创作者来说，生活无所不在，思想可以超越空间、时间，重要的是要对生活充满兴趣，爱惜。题材无分大小，思想的深度、广度才是决定性因素"，"记得有一回就餐，面前纱窗上飞来一只蝉歇息，鸣声十分美妙，说不定与纱窗发生了某种共鸣吧！蝉的一生短暂，我替它担忧发出'缘何芳翅独留寓，岂有疏桐违素心'的感慨"。"题材无分大小，思想的深度、广度才是决定的因素"，这话斩钉截铁，有人说他是替自己开脱。为此，沈先生特意举例李商隐的《蝉》。他自得："登泰岱而小天下，蛰居斗室却游天。"因为有此信念，最后的时光中，他留下许多好诗，如《戊戌除夕逢立春有作》"无闻炮竹小阴天，寂寞玄灯守夜穿。刻报天文立春早，好风一缕已来年"；再如《立冬遇雪》"欲挽秋光岁已寒，生年漫说浪寻欢。小添初雪涤尘垢，夕卧斜阳入世观……"

五

本集中一个突出点，是沈鹏先生的爱国忧国、伤史伤心。2018年，他想得比较多的有两件事：一个是戊戌变法120周年，再一个是《共产党宣言》发表170周年。他重温马克思、恩格斯在《宣言》中说："每个人的自由发展是一切人的自由发展的条件"；他铭记："维新百日垂青史，曲折艰难民主潮"；"友人称我寿，我殇'九一八'"；每至五四、辛亥革命纪念日，必有诗作。2023年3月，去世前不久，他写诗《再读黄炎培周期律》："风尘仆仆忠谏陈，窑洞灯光睿智深。异地时空周期永？人民监督放宏声"……他也问过自己，一个书法家为什么要想这些？其实不必回答，这些东西对他来说是刻骨铭心的，是他从少年、青年时期种下的种子，甚至是他之所以成为这样一个书法家的缘由之一。

生死大限和人类命运，是生年望百的文化老人必会思虑的。沈鹏先生更是思虑过人（这与他个性有关）。一方面他自信："有云耄耋古来稀，再续余年未足奇"，另一方面，他明白"一粒微尘银河系，无穷引力黑洞间。未尝上帝扔骰子，爱因斯坦发斯言"。霍金一向是他最敬佩的智者，霍金告诫地球人：如果不逃离脆弱的地球，我们将无法生存千年。这是沈鹏先生潜意识中有而说不出的话。尽管如此，沈鹏先生并不悲观，他相信："人生短暂，而道永久地存在。道是人类无止境的追求。悟道也是相对性的。我们每天在悟，所得甚微，远不如沧海一粟，甚至有时开倒车。但是不要紧。只要有人类存在，甚至外星人存在，茫茫宇宙不会寂寞……"

这些，就是沈鹏先生的"终极思考"吧！

2024年7月13日

目 录

坚持评论者的独立人格

沈鹏

行书感悟句

学 习
——永恒的主题

　　孔子的《论语》开头就是"学而时习之，不亦说（悦）乎；有朋自远方来，不亦乐乎"。一个"学习"，一个"交友"，孔子视为两大乐趣，这里有人生经验、人生哲理。读《论语》，可以体会到孔子有幽默感，可是庙堂里的"圣人"总是严肃，如鲁迅所说"从来不笑"。但实际上《论语》中有孔子与弟子互相玩笑戏谑的记录，把孔子神化是后来的事。"习"有多种解释，一种解释就是练习。孔夫子开的课有礼、乐、射、御、书、数。御，驾车，不练习，行吗？礼，也含有操作的性质；射，射箭；乐，音乐，都有"技"的一面。"温习"的"习"也解释为"温故而知新"，温习很重要，很有意味，不要以为温习只是简单地重复。任何一本书，小时候可能读过，甚至会背，到了中年、老年体会不一样，不断地温习，知识不断深化。"有朋自远方来，不亦乐乎"，这个"乐"跟"悦"有共同点，但是不一样。虽然情绪都是高兴，但要体味其中的特殊性。任何一个词，包含许多方面、许多层次，看用在什么地方，如何解析，还要看如何理解。

　　两千多年前的《庄子》，书中很多都是寓言故事，非常生动，非常深刻有魅力。里面有一篇"大匠运斤"的故事。齐白石有个自用印章，叫"大匠之门"，暗用《庄子》典故，表明不忘自己木匠出身的经历，也有一种推崇精益求精、一丝不苟的意味。《庄子·徐无鬼》云："庄子送葬，过惠子之墓，顾谓从者曰：郢人垩漫其鼻端若蝇翼，使匠人斫之。匠石运斤成风，听而斫之，尽垩而鼻不伤，郢人立不失容。宋元君闻之，召匠石曰：尝试为寡人为之。匠石曰：臣则尝能斫之。虽然，臣之质死久矣！自夫子之死也，吾无以为质矣，吾无与言之矣！"庄子送葬，过惠子之墓（惠子是庄子的好朋友），庄子跟随从讲一件事："郢人垩漫其鼻端，若蝇翼，使匠石斫之。"郢在现今的湖北，春秋战国时是楚国的国都。有点白土弄到这位郢人鼻子上了，白土又细又薄到什么程度呢？就像苍蝇的翅膀一样。白土要除掉，叫谁来呢？这个人的名字叫匠石，走上去，运斤成风，那个人站着，毫不动容。宋元君，一个小国宋国的君主，听到这件事，觉得有意思，召来这个匠石说："尝试为寡人为之。"匠石说："确实是做过这件事，我的对象，刚才说的郢人，已死。""自夫子之死也，吾无以为质矣，吾无与言之矣。"这个人死了以后，我就没有对象了，没有言说者了。

这一段故事，想象力非常奇特瑰伟。生活里面有没有这样的事？绝不可能。但我们宁肯信其有，不愿信其无。这个技术太难了，远超出了"技"的范畴。而那位郢人（配合者）伟大的精神力量，绝对信任并且敢于迎上，其魅力绝不亚于匠石。故事读到最后，令人感伤、悲壮。故事大约有三个层次：一是匠石砍去鼻端那个像苍蝇翅膀一样薄的白灰；另一个是宋元君要求也来试试；第三个是对象。匠石与合作对象，只可有一，不可有二。德国文学家席勒写过一篇叙事文，有个威廉·退尔，作战时双方对打，把他的儿子抓去了，敌方往他儿子脑袋顶上放一个苹果，百米外，要威廉·退尔射箭，射中苹果就放了他儿子，威廉·退尔竟然做到了。这两件事发人联想。《庄子》凭丰富的想象力及语言的纵肆瑰奇，使人不可思议。

《列子·汤问》中的"高山流水"的典故："伯牙善鼓琴，钟子期善听。伯牙鼓琴，志在高山。钟子期曰：'善哉，峨峨兮若泰山！'志在流水，钟子期曰：'善哉，洋洋兮若江河！'伯牙所念，钟子期必得之。子期死，伯牙谓世再无知音，乃破琴绝弦，终身不复鼓。"后来，钟子期殁了，伯牙就不再弹琴了，把琴碎了。知音没有了。艺术要有接受对象，可以是很宽泛的，也可以是比较窄的。宽也好，窄也好，如果真正是高水平的，阳春白雪或者下里巴人，都有存在的价值。"对牛弹琴"，琴弹得再好也是徒劳。不过现代科学证明牛也能接受音乐的某些因素，乐声能教牛下奶，听指挥。当然牛毕竟是牛。

假如一件作品产生了，从没有与社会接触，这个作品实际上不存在。只有有了特定对象，才能够接受。从这个意义上来讲，艺术的创造者和艺术的接受者是共同体，是矛盾统一体。艺术家创造着读者，读者创造着艺术家，艺术要求被理解，要求艺术的创造者能够给予别人好的东西，让读者能够引起共鸣，并且得到提高。读者期待好作品，创作者滞后；或者虽是好作品，读者不识，甚或歪曲，这是社会文化现象。评论者要理解创作者，既非任意吹捧，也不是随便贬压。

西方哲学有"接受美学"，代表人物有姚斯、伽达默尔等。姚斯认为读者的审美经验是创造作品的过程。艺术审美的进程是不断开放的、永远待完成的。伽达默尔打通了美学与诠释学，认为解释的过程是作品的表现过程,同样也是一种再创造。比如他对艺术史中"传统"的论述,可谓振聋发聩。他说:"传统并不是我们继承得来的一宗现成物,而是我们自己的产物,因为我们理解并参与传统的过程中,从而也就靠我们自己进一步规定着传统。"在伽达默尔看来,后人对传统不断理解、诠释的过程,构成了传统本身。当代书法界对传统理解缺少辩证认识。传统既是历史的积淀,也是当今现实的存在,是开放的。传统在生活中,无时无刻不在影响着我们。我们对经典的诠释和创造不断地丰富"传统"这条奔流不息的大河。传统的伟大还在于它的丰富与多样,把审美眼光拘限于某家某派,没有"拿来主义"的气魄,不足成为大器。

我们应该以更加包容与开放的心态面对传统,面对古人、今人、世界,要善于吸收古今中外所有有益文化进行艺术滋养,同时还要善于在生活里发现美。讲书法,生活里面很多东西都可以对我们启发,远不止停留在"永字八法"。古人见公主与担夫争道,启发书法的宽和窄、松和紧、重和轻、虚和实、疾与涩等。韩愈《送高闲上人序》论张旭草书"天地万物之变,可喜可愕,一寓于书"。无论从创作与理论两个角度看问题,书法与天地造化以及与其他艺术门类之间都有广泛联系。古人论书"万岁枯藤""千里阵云""惊蛇入草""飞鸟入林",都是妙悟笔法的例子。书法的节奏与韵律,与音乐、舞蹈相通。杜甫说:"张旭善草书书帖,数常于邺县见公孙大娘舞西河剑器,自此草书长进。"书法家要重视对经典法帖碑刻的学习,还要重视在"字外功夫"上参悟,要"书内书外,艺道并进"[①]。读书与游历

---

① 本人提出学书法十六字方针:"宏扬原创,尊重个性;书内书外,艺道并进。"

都是不可缺少的功课。

明代董其昌说"读万卷书，行万里路"，是跟他的好友莫是龙经常在一起形成的思想。明清以来，关于读书、行路，师古人、师造化，诸家书论、画论，都有涉及。黄宾虹说："凡病可医，唯俗病难医。医治有道：读万卷书，行万里路。读书多，则积理富，气质换；游历广，则眼界明，胸襟扩，俗病可去也。"知识学问的来源无外乎读书、行路。这是不可或缺的。读书与行路，不仅有增进知识的作用，更有变化气质、医俗的意义。读书要读什么？少不了专业方面的，也要读专业以外的。专业以内和专业以外是互相联系、渗透的。读书和行路，不是一般的"读"，也不是一般的"行"。宽阔胸怀，培育人格，与大自然交流，与社会相契，都在其中。齐白石老年五出五归，对其"衰年变法"有着重大意义。林散之晚年在《书法选集·自序》中回忆其壮年时期万里远游的经历："行越七省，跋涉一万八千余里，道路梗塞，风雨艰难，亦云苦矣。"然而苦则苦，此行得"画稿八百余幅，诗二百余首"，对其眼界胸襟的拓展，其意义无法计量。今人出行，借助飞机、火车这些现代交通工具，与古人那种长途艰难跋涉，不可同日而语。我们要与时俱进，以新的审美眼光面对新事物，开拓新思想，运用新语言。顾炎武撰《天下郡国利病书》，发愤读史书、方志等数万卷，又实际调查，曲折行程数万里，写出彪炳百代的历史地理学名著。读书与游历是有机统一的，不要把"行万里路"当作一般的游历，要深入了解社会，体验大众生活，由此改变自己的气质。

要研究书法本身的特殊规律，天地万物、自然界、社会界，一直到人本身，都可以启发艺术想象力。苏东坡在黄州赤壁流放四年期间写出《赤壁赋》《黄州寒食帖》，画出《枯木竹石图》。这个时期他的艺术达到高峰，其中一条原因就是阅历增加，吸收滋养，并使之转化成创造力。丰富的人生经历对书法家很重要，人生经历是非常宝贵的财富。没有丰富人生经历的，要善于深入体验人生的各种生活，观察社会的不同面貌，观察大自然，如黄庭坚说的"得江山之助"。从大自然和社会生活中汲取营养，是成就艺术家的关键。艺术如此，科学亦如此。爱因斯坦说："想象力比知识更重要，因为知识是有限的，而想象力是概括着世界上的一切的，推动着进步，并且是知识进步的源泉。"我们要学习知识，更要善于提高和发挥想象能力。

书法的本体究竟是什么？这个问题经常讨论与思考，是必要的。对事物本体的界定、追问，是接近事物真相的必由之径，同时也能提高逻辑思维能力。比如商品，在资本主义社会里，什么都是商品，人的劳动力变成了商品。那么，商品的本质是什么？马克思分析为使用价值与交换价值的统一。把最常见的东西加以解剖，把十分复杂的各种关系得出单纯的结论。《资本论》里严格的逻辑思维，大前提小前提，一步接着一步推论，逻辑的铁链令人震撼。对书法本体的思考，离不开逻辑思辨，我认为书法是纯形式的，它的形式即内容。把书写的"素材"（诗文）当作书法内容是一种误解，书法的历史本质是书法风格发展史。只有在诗、书、画的异同中比较，按照事物的本来面目进行探讨，才能使我们的认识逐渐接近真理。概念的清晰与逻辑思辨十分重要。

数学里面的逻辑性对提高思维能力很有益。一个数学题，先乘

行草书《读屈子天问之一》

除，后加减，先去掉小括弧，后去掉中括弧，再去掉大括弧，最后得出一个简单的数字，这个我想读过小学六年级就知道了，这是规律性的东西，是逻辑。从美学的意义上来讲，这是简朴的美。古希腊的毕达哥拉斯学派从数学研究中发现了对称之美。爱因斯坦认为大自然隐藏着"崇高庄严，不可思议的秩序"。据了解真正能读懂爱因斯坦《相对论》论文原著的人极少，他的公式非常简练，$E=MC^2$。记得好几年前坐在车上的时候，前面有一座桥。桥梁上就有大字 $E=MC^2$，是装饰，更是审美，引人学科学，我觉得这是文化提高的一种表现！可惜这几年被越来越多的庸俗广告取代了。这个公式是美的，我的理解，E能量，M质量，C的平方即光速的平方，这么大的一个问题，浓缩在一个公式里面，简练之中包含无比的丰富，这就是至高无上的美。科学家对科学现象中呈现出的这种美的兴趣，可以激发探索的欲望，激活想象力。

判断书法写得好不好，很大程度上凭直觉。凭借对汉字这种特定物质形态构成的形式美的理解。书法家大多喜爱写诗，因为诗有音乐美、节奏美；一件书法作品包含了中国汉字形、音、意三个方面的美，所以大家乐意写诗。但是有的求字者思想境界令人不安。陈独秀曾给予尖锐抨击："做官以张其威，发财以逞其欲。"就当今而言，全社会对财富的追逐，对物质的迷恋，变本加厉。民众的人文素质堪忧。有人研究，康熙时期GDP在世界上排名第一位，但是没有民众的觉醒，没有现代的政治制度，从社会发展史来说，仍是专制体制下的繁荣。我们没有经历文艺复兴，我们缺少那时代提倡的人的觉醒，回到人的尊严，让哲学、科学从中世纪的神学下面解脱出来。自由、民主到了五四运动的时候得到发扬，五四运动是伟大的，但是没有能够持续下去。"五四"精神的核心是"德先生"和"赛先生"，即民主和科学。五四运动对民主的追求有待更深刻地探讨，因为日本侵华战争的爆发，使"救亡图存"成为当时的第一要义，启蒙没有完整地进行下去。现在时常听到评议"五四"对传统批判"过头"的一面，对国学消极的一面却津津乐道，良莠不分，甚至不加分析地以为只有中国文化才能拯救世界云云。我们不要认为经济有了一些发展，中国就真正强大了。实际上我们离民主与科学的现代国家，还有很长的路要走。

回到一开始说的"大匠运斤"的故事。匠石、郢人在极高的不可思议的境界下互动。艺术家本身的提高，比读者更重要，不然没有办法去影响大家。艺术直面观众，有什么不好？不可否认的是艺术的另一面被削弱了。艺术家只顾及观众的"掌声""上座率""票房价值"……艺术家最能够表达真情的那份内心独白、个性化语言被减到了最低限度。王羲之没有料到身后有如此多的爱好者、追随者。王羲之并不因为"迎合"社会才赢得广泛的爱好，也不因为"张扬"个性而失去共性。艺术的价值判断不决定于商品价格，不决定于一时一地的批评意见，需要从长远的、超越时空的意义上加以确认。历史上杰出的艺术家时常有孤独寂寞之感，为追逐时髦红火者难以理解。黑格尔说："不要有什么作风，这才是从古以来唯一的伟大的作风。"苏轼的"书初无意于佳乃佳尔"，与之相通。

艺术家的作品，要在与观众的互动中，审美意义才能彰显。艺术家不能因此迎合所有的观众。寻求知音不限于一时一地。黄公望自谓500年后方有知音，黄宾虹说自己的画50年后才有人懂。真正的艺术，是寂寞之道。其魅力往往在时间长河中才逐渐显现，一时的毁誉，不足凭据。艺术家着眼于自我提高，才能使别人提高。为什么说文化艺术"高峰"可贵？"高峰"体现时空高度，提高一代到几代人。文化艺术大师的出现，有个人的努力，有时代的际遇，是应运而生的，既不能"打造"出来，更不能炒作、包装出来。

学习是一个永恒的主题，学而时习之，学了还要习。随便举一句话："子入太庙，每事问。"太庙是皇帝的家庙，每看见一件事他老人家都要问，这就是学习的态度。孔子说："十室之邑，必有忠信如丘者焉，不如丘之好学也。"十户人家一个小地方，有人像他那样讲忠信。但是，不如他好学。人的一生是学习的一生。要学的东西很多，学什么，如何学，一切因人而异。陶渊明"好读书不求甚解"，从两方面看，什么你都不求甚解，马马虎虎就过去，当然不好；但是什么都要甚解，什么都刨根问底，有精力有必要吗？"不求甚解"是否可以看作一种方法，即在读书时找自己感兴趣的，非一律对待，"每有会意，便欣然忘食"，倘不是认真读书，是做不到的。做一首诗，一阕词，突然冒出来一句，赶快记下来，别忘了，尤其像我这样年岁大一点，爱忘，记下来，再慢慢想，再深入扩展。艺术需要灵感，灵感有时候如电光石火，稍纵即逝，尤其对诗人来说，偶然得句，要记录下来。甚至有的诗人还在梦中得句，如钟嵘《诗品》记载谢灵运的"池塘生春草"这一被后世称之为"万古千秋五字新"（元好问论诗）的名句，就是得于睡梦之间。当然，灵感得之在瞬间，但积累在平日。

有学员提问，学书法要读点什么专门著作？我说，可列出很多，上海书画出版社的《历代书法论文选》有阅读价值，作者包括了从汉代的赵壹、蔡邕，到清末康有为等。孙过庭的《书谱》，议论精辟，词翰并美。我有一点希望，要学习马克思"怀疑一切"的精神。比如《王羲之题卫夫人〈笔阵图〉后》并非真作，虽然有个别词语有价值。不能因冠上"书圣"之名便顶礼膜拜。欧阳询《三十六法》提到《书谱》一处，宋高宗三处，苏东坡一处，三者全在欧阳询生年之后，可定为伪托无疑。尤其可笑的是说到一个"褊"，居然称"作欧书者易于作字狭长"，夫子自道，不可思议，《三十六法》论述并多匠气鄙陋。采取怀疑的态度，不是打倒一切，不是随便否定别人，而是站在科学立场。我现在不能给大家开一个书单。可是我们要求真学问。能够把若干经典著作的精神弄明白，化为自身营养，运用到实践中去，很不容易。前人说的话有没有道理，要经过自己的头脑好好去思考，孔子说"学而不思则罔，思而不学则殆"。

（此文为樊莉据沈鹏先生2016年6月19日上午在中国书协培训中心第九期导师工作室第一次集中面授公共课与学员见面授课录音整理，耀文星参考先生其他著述再整理）

康熙等五代清帝各书一"福"字

"五福临门"享子孙,

弄毫馆阁祈天恩。

纵然笔墨全同辙,

怎奈梅花不着根[1]。

---

[1] 注:俚云"梅开五福"。

康熙等五代清帝

各書一福字

子福臨門享子孫毫

館閣新　天恩派花筆墨

全同载作秦梅花不着根

己亥生書　沈鹏诗墨

偶云梅開五福

行书《康熙等五代清帝各书一"福"字》

盛兵君以爱女时慧幼发制笔见赠

秀发如云吐异芬，

毛锥立管见灵根。

生花不待梦中得，

铁杵磨成慧智文。

2016 年

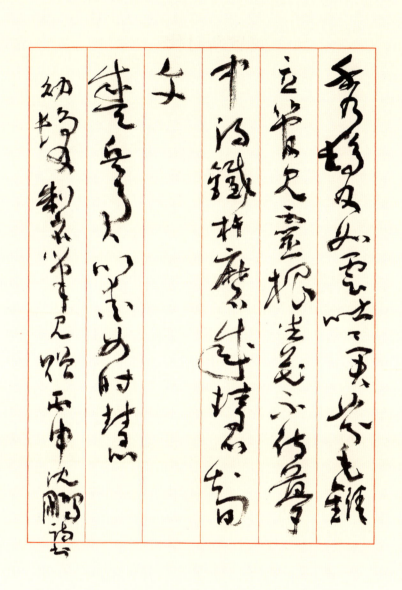

行草书《盛兵君以爱女时慧幼发制笔见赠》

致敬新时代

毋须燃爆竹，毋须设美宴。致敬新时代的一年！

人类毕竟伟大。在多得无可胜计的星系中，论理有数不清的高智能生物，外星人离我们很远，又很近。但是到目前为止，我们真正确切知道的还只有一个地球——我们可爱的唯一最美好的家园。

远于刀耕火种以前，人类就开创文明，推动历史，人类进入工业革命后的新时期，把家园打扮得分外美好。但与此同时，人自身越发认识到破坏与创造同时存在，自然界的资源决非"取之不尽，用之不竭"。侈言兵工厂促进生产力提高的人，也未尝不懂得毁坏生灵的罪恶。人性中丑恶的一面，日益威胁自身的生存。在地球东方中国迈步富强的路上，让自然环境更美好，促进新的人类命运共同体。让我们同声赞颂真、善、美！

2017 年 1 月

宇宙生命与质数

地球人类一家人

数学名词

二零二零年庚子云中秋节

法鹏撰弧书

企盼和平

2012年以来，张旭光带领中国书法名家代表团多次到联合国总部及其他国家，举办展览和学术活动。时任联合国秘书长的潘基文先生出席开幕式并发表讲话，产生了积极影响。如今"张旭光草书艺术巴黎展"将要举行，是多年来旭光对外书法活动的又一次良性延续。

"Calligraphy"一词，源于古希腊，本意是美丽的书写。世界各国具有共性，都要求书写得美观。中国书法的特殊性，应归结到汉字自身形式，字的结构为方块字，线条可分解为八种（所谓"永字八法"）。沿续三千多年，衍变为篆、隶、楷、行、草诸体。三千多年来，汉字在发挥其基本的实用价值的同时，它的美学价值不断提升，又展现出纷繁的各种风格流派。值得注意的是中国书法的形式美植根于自身民族精神，并且深入到哲学思想。

我注意到张旭光为此展起了一个副题——"企盼和平"，这正好同中国书法"中和"的哲理、伦理相合。可以说，中国书法的中和美作为艺术标准离不开传统哲学的"仁"与"善"。孔子的《论语》出现"仁"字109次，"善"字36次。把中国书法"中和美"的思想带给世界，从一个方面说，也能促进世界的和谐与美好。即使不识汉字，不能辨别某件书法内容，也能通过视觉感受其节奏与线条在运动中产生的美，达到精神上的共鸣。

草书在诸种书体中有特殊价值，倘说汉字是对客观世界"囊括万殊，裁成一相"的写意，那么草书可以说是真书、行书基础上的再写意。因为生活节奏加快，办事趋于急速，要求书写便捷适应生活，所以有草书兴起。草书的高度写意，可以从技法与精神境界两方面解释。她与绘画中的西方现代表现主义在形式上可以找到某种共同点，但有不同的哲学基础与美学理念。中西可以互相借鉴，这种状况已经部分成为现实。但是民族特色仍然是宝贵的灵魂。

这回赴巴黎展，张旭光全部用草书与观众见面。草书具文化交流的优势，又是作者的擅长，中国古人认为"字如其人"，由张旭光的作品，我们看到他的全部人生的一个侧面，看到他"企盼和平"的情感表达。

2017 年 10 月

与顾明远并坐合影

耄耋一瞬间，

一瞬留耄耋。

同窗并桌两青衿，

往事联翩梦庄蝶。

2018 年 7 月

毛泽东学习一辈子始老，
老走同条井条七十
初往来纵初梦在
蝶与顾明远井坐二景
己亥沈鹏诗书

行草书《与顾明远并坐合影》

遍 索

"五四"百年整,

锐翁驾鹤归。

浩天飞白雪,

大地隐凄迷。

遍索众媒体,

绝无只字提。

2019 年 2 月

樗树·社栎（读《庄子》）

无用之材究可哀，

不夭斤斧避妄灾。

匠人羞顾护长寿，

保全自身不二才。

2019 年 2 月

無用之材究可哀 不夭斤斧避
妄索匠人墓頑護長壽保全自身不
二才 己亥孟冬沈鵬詩書

莊子樗樹社櫟

不二才

任權長壽保全自為

不奈 避免宗匠人墓

無用之材究可不夭夭

行书《樗树·社栎（读〈庄子〉）》

24

仰天三首

屈子《天问》

遂古之初谁传道，

屈原直叩九重天。

女娲造物时空始，

谁创女娲混沌前？

柳宗元《天对》

《天对》宏词柳柳州，

烟云远隔对如流。

混茫传道唯元气，

上下周流无外求。

霍金《时间简史》

轮椅遨游宇宙中，

无穷想象越时空。

小儿昂首质奇异，

大哲便敲真理钟。

2019 年 5 月

姑射山神

姑射之山上有神，

游乎四海绝嚣尘。

吸风饮露熟年谷，

事请盲聋巧辨真。

2019 年 10 月

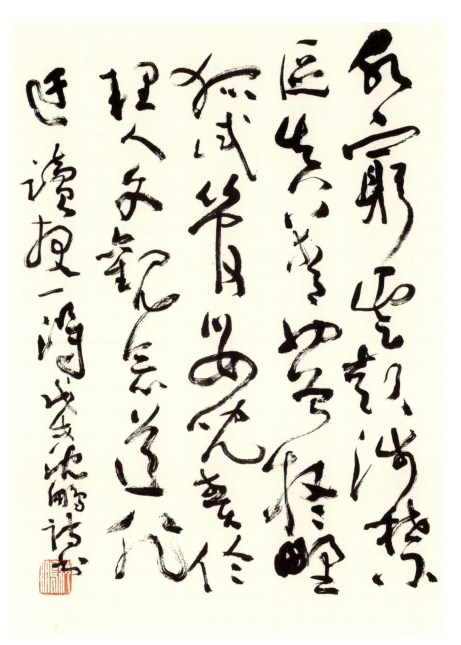

行草书自作诗

技道兼修，深入传统

——在中国书法出版传媒第三届书法理论与创作研修班的发言

各位学员和老师，大家早上好。欣闻中国书法出版传媒第三届书法理论与创作研修班于今天开班，我很高兴，也很欣慰。这是对当下书法健康可持续发展的积极探索和有益尝试。目前，书法呈现出繁荣发展的良好态势，但仍然有很多不可规避的问题。反思当代书法艺术创作，一个重要的问题就是书法家重技轻文，缺少文化的支撑与文化修养的积累，书家传统文化的缺失是一个普遍存在且亟待解决的问题。全面提升书家的综合修养是个任重而道远的事情，需要在座各位的努力和坚持。此次研修班的开办，倡导书家修养与技法兼修，对提高书法创作的专业水准、书法的文化内涵、书法家学术品位有着极其重大的意义，是很及时，也是很有必要的。

听主办方的同志说，此次学员都来自全国各地，大家因为同一个目标而相聚，在一起学习和探讨。这说明大家越来越意识到综合修养在书家成长过程中的重要性，这是一个很好的征兆。看到如此情形，我很欣慰，对书法事业的发展又多了一份期待。

这次开班仪式同时也是《沈鹏全集》出版项目的启动仪式，这个项目得到了中国文学艺术发展专项基金的支持，这是我个人的荣幸，也是中国书法出版传媒全体同人努力的结果。对此我表示由衷的感谢和祝贺。由于身体原因，我本人无法到现场与大家一起分享与交流，深表遗憾。祝愿《沈鹏全集》顺利出版，也真心希望这部书能对大家的学习和创作有所帮助。

借此机会，希望参加培训的学员能技道兼修，深入传统，以积极的态度去挖掘书法中的传统文化。不断锤炼自身，无论从技巧上还是精神意蕴上，或是文化素质上都有长足的发展。祝愿学员在学习过程中能纠正时弊，引领学术风气，学有所获，学有所成。书法事业的美好明天还需要在座的各位去传承、去开拓，期待书法事业的健康和可持续发展，期待每一位学员的成长与进步。

预祝中国书法出版传媒第三届书法理论与创作研修班圆满成功。

2019 年 7 月 27 日

（题目为编辑代拟）

和黄君诗，君编《三贤集》

时代呼声波音延，

浪推古哲与今贤。

三人必有我师在，

问道解疑忘大年。

2019 年 2 月

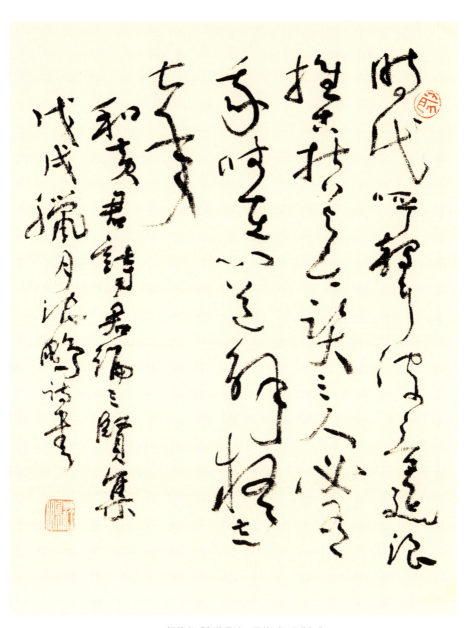

行草书《和黄君诗，君编〈三贤集〉》

蟪蛄

不识春秋度"小年",

蟪蛄流响碧梧间。

居高独立承垂露,

报与大椿共享仙。

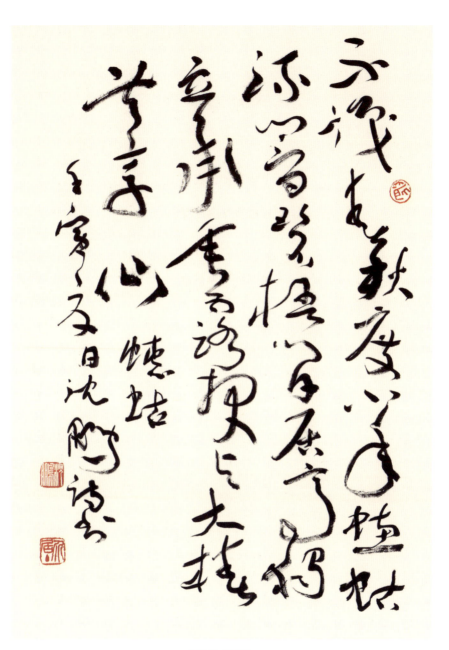

行草书《螳蛄》

33

斥鷃

上腾数仞比鹍鹏，

斥鷃蓬蒿自在身。

小大齐观呈异趣，

乐于低下更称能。

庄蝶梦

庄蝶梦乡浑不知，

俄然觉醒解相疑。

无分物我同归一，

天地谐和共载舟。

行书《读霍金〈时间简史〉之一》

谈"丑书"

　　"丑书"这一概念需要厘清。宋代米芾评论尖刻，称柳公权为"丑书恶札之祖"，那果真用作贬词。明清之际的傅山，一反柔媚之风，提出"宁丑毋媚"，以"丑"与"媚"对立，便形成独立的美学观念。观戏，我看《苏三起解》的崇公道、《范进中举》的岳丈，同为丑扮，可是前者心地善良，后者势利小人。

　　美学意义上的"丑书"要在特定的情况下作具体分析。古人以"神、妙、逸、能"分品，我以为"雅俗"之分有较大的涵盖面。"雅俗"非因人的身份地位定，直指书法自身的气质、品味。"书如其人"，"人"是多方面的，书法作为一种有意味的形式，"人"的文化、品性、素质……会在作品中有所体现，如何体现因人而异，绝不能简单化。苏轼、黄庭坚、米芾等都竭力反俗，"读万卷书，行万里路"为根本。

　　丁酉年初，我写"闻鸡起舞"，有点自得。可大多数人要求"吉（鸡）利"之类，虽无不可，但书法家也有责任提高人们的欣赏水平。

2018 年 3 月 28 日

（原无题，题目为编辑代拟）

雅俗与美感

今年以来，我想得比较多的有两件事：一个是戊戌变法，今年是120周年；再一个是《共产党宣言》发表170周年。马克思1818年生，他在1848年写了《共产党宣言》。

戊戌变法发生在狗年，每到年头年尾总有报纸等媒体叫我写点什么。我在丁酉年初写了个"闻鸡起舞"，不符合媒体原来的想法，要求我写"福"字，原来"福"字比"闻鸡起舞"更能引起兴趣吧，找了五个人写福，五福临门，我也不能免俗，也写"福"字吧。狗年，对不起我没有往金狗、玉狗方面想，我也没有想到财旺。我的诗里头提到了财旺，自觉是从诙谐处写来。

我写了一副对联："世界大同抒美景，少年中国发宏图。"戊戌变法在中国历史上是一个重要的事件。康有为政治思想比较复杂，他有这样那样的变化，但是戊戌变法从历史的观念看，有开明的思想。他这种改良有民主的成分，有西方国家先进的东西。我个人认为，即便在今天，改良也很重要。记得普京有一句话，人家问他十月革命，他说，那总得要死很多人啊。不要简单地否定改良。

当然，孙中山先生后来的辛亥革命更先进了一步，大同世界、大同思想还是历来人们所追求的。马克思的共产主义从历史上来看，不也可以从大同世界找到根据吗？从大同世界这样一种思想来说，应该说中国、全人类都是有的。

《共产党宣言》发表170周年，我又读了一遍。我回想最早读的时候刚过20岁，那时候有一个优点，读马列的书要读原著。"文革"以后再读一次，感觉以前的认识有片面性，只讲阶级斗争、无产阶级专政。

《共产党宣言》说："每个人的自由发展是一切人的自由发展的条件。"我看这次纪念170周年的时候也引用了这句话。我感觉到不满足的是，它没有区分时间、空间，不太注意或者说不太了解全文："代替那存在着阶级和阶级对立的资产阶级旧社会的，将是这样一个联合体，在那里，每个人的自由发展是一切人的自由发展的条件。"按照马克思说的，什么才是真正的自由，怎样能够达到一切人的自由，达到每一个人的自由是一切人的自由发展的条件，那就要把阶级社会推翻以后，阶级社会不存在的时候，就进入了自由王国，自由王国之前是必然王国。

我们现在处在必然王国当中。我们要服从于职业，你是法官，是教师，是工程师，是书法家、画家，但是马克思说过："在共产主义社会里没有单纯的画家，只有把绘画作为自己多种活动中的一项活动的人们。"分工对于社会进步、对于社会生产力的发展起了很大的推动作用，但是分工给人带来了局限，分工使人失去自由。在这个意义上我们都并不自由。

社会上实际拿人当工具来看。劳动力是工具，人本身也成了工具，我是不是一个会写字的工具？

刚才说，"闻鸡起舞"有意义，对不起你不要写了，你写一个"福"字吧。这个"福"坏不坏？咱们中国人习惯于讲福、禄、寿，并非传统文化中的积极方面。门开五福，但是福也可以有不同的解释。为什么我们总念念不忘个人幸福？我们为什么不可以在人的终极思考这方面想一想，在生活更深刻的意义层面多想一想？

习近平总书记在团拜会上向各族人民拜年，说奋斗本身就是幸福。我们读文天祥的《正气歌》，作者身陷囹圄，恶气杂出，"彼气有七，吾气有一，以一敌七，吾何患焉"。我们不光要个人幸福，还要为正义奋斗。马克思使每个人的自由成为全社会的自由的条件，真正到了共产主义社会的时候，大家都幸福，不束缚在具体的职业上面，不束缚在具体的个人幸福上面，都有个人的自由，全社会进入了自由的时代，这是一个伟大的理想。

我个人更多地把马克思当作一位伟大的思想家。一百年来，世界发生了很大的变化，他的基本原则应该坚持，但是一定要按照世界的新形势高瞻远瞩。

有人叫我写"福"字，我不太愿意，写了也违心啊。但我们也做不到像马克思说的在共产主义社会里面，你爱好绘画就作画，它不是某项职业，今天我们做不到。但最低限度我们能不能在绘画、写字的同时，也多读点科学、哲学、美学、社会学等方面的书。我们也多接触一些外面的人，多接触社会，我们不要缩在自己有限的天地里面。这几年我因为生病，写的一首诗第一句便是"坐井观天画地牢"，实属不得已。

关于分工的职业限制，我也谈一下看法。有了分工的职业限制，比如说请你画画、写字，人家要给你一些报酬，这个好像也是理所当然的，因为当下社会就是一个商品社会。我们的人、我们的劳动，实际上我们在一定程度上转化成为商品。这幅画画多大？值多少钱？抛开了艺术，在商品本身做文章。

生活中有很多矛盾。我们不可能达到马克思所说的共产主义的自由，我们现在还处在必然王国，而在必然王国中，我们肯定有很多不自由的东西。然而我觉得在特定社会条件下的自由、民主还是最可贵的。我们要争取。比如，为什么要求写"福、禄、寿"的人不能要求写裴多菲的诗呢？"生命诚可贵，爱情价更高，若为自由故，二者皆可抛。"我20多岁的时候，大家很喜欢这首诗。

整个社会文化水准偏低了，比较爱好低俗。雅俗共赏好不好？大家普遍能够接受的有好的一面，但未必都好。雅里面分很多具体情况，俗里面也分很多具体情况。俗，在很大程度上是迎合世俗口味而不是去提高大众的思想境界与欣赏水平。"雅"和"俗"不能以人的社会地位分界，也不以艺术的品类区分。不能说文人的画都雅，或说民间年画便俗。从具体作品分析，有时适得其反。文人作画有时出现消极颓丧，玩世不恭，倘硬说是雅，至少不入真正的大雅之堂。艺术家首先应提高自己，提高自己的精神境界，如果一味陷于人情世故，考虑功名利禄，以为凡是群众喜欢的就好，那就失去了艺术本身。其实雅俗也是相对而言的，齐白石的画公认为雅俗共赏，雅俗共赏的意思之一就是大家都爱看，都能懂，齐白石也有迎合大众的一面，他的作品有时不够严肃，他有的时候绘画写字重复自己的劳动。有人把"可重复性"当作中国画的传统优点，实在是误解。

难道中国画工具方便，粗糙的写意来得"快"，就可随意复制吗？

再谈点书法。书法是中国汉字审美的一种形态，它是相对独立的。中国的汉字有意美、音美、形美。意美有关于心，音美来自听觉，形美来自视觉。音美、形美也都归于心。人的器官只有耳、眼与艺术发生关系，倘从嗅觉、味觉、触觉去找美感，或者故作惊人，肯定不会有好的结果。书法艺术取汉字的"形"相对独立。我有一次跟大家谈话，我拿了一份《快乐老人》报，那是我给他们题名的，题完以后我觉得挺快乐，这不是书法的作用吗？我们从书法美学来研究，不应该简单地这么看。因为当我看到"快乐老人"这四个字而高兴的时候，是这四个字的"意"在影响我。假如我写一个"悲哀老人"，四个字也写得不错，我就笑不起来。当我们觉得快乐老人快乐、悲哀老人悲哀的时候，是取文字的意而非书法自身的美，书法的美来自汉字的形式。

美感与快感，前者属于心灵上的，后者归于生理因素。最近看到一个新名词，叫"心灵鸡汤"，看了一场戏剧，读了一本小说，很感兴趣，以喝鸡汤赞美，可那是口感、味觉，绝非美感。纯粹的美感无功利，无物欲。

我少年时生活在上海，流行着一句话："眼睛吃冰激凌"，这与"喝鸡汤"也不相上下，还有"心灵大餐""艺术盛宴"等，没想到隔了两个时代，我们的人文意识还停留在原地。我想，"喝鸡汤""吃冰激凌"的人，他所喜欢的"艺术"也未必高明，欣赏水平使然。

昨天晚上看报，有一个大标题《学生未获竞赛一等奖，起诉培训公司》。说的是一个学生，花了3.8万块钱参加培训，要求培训公司保证他在竞赛中获得一等奖，结果没得到，要公司赔偿。我就很奇怪，花了3.8万块没有得到一等奖就要赔？这个奖是买来的？有的时候你劳动了半天不光拿不到钱，你还要得罪了谁呢！我很奇怪。现在有很多事情，我不太理解。我独处一隅，今年元旦作诗第一句便是"坐井观天画地牢"。

　　有一次我讲课，有位年轻人跟后面，说："我有钱，我要学到真本事。"说着拍拍身后的小皮包，我明白他说的"真本事"是要学到一手好字。既有钱，又有一手好字，多有面子！我告诉他："你的愿望可以理解，但是许多事不是只要有钱就能解决了。学书法，包括任何一门学问，要真爱，勤奋刻苦，还要多读书，提高素质……好在你比我年轻得多。"

2018 年 8 月

谢梁东兄贺诗依韵并致诸贤

宿缘雅意聚京华,

闲对西山身影斜。

生也不才承雨露,

时乎难再惜春花。

深情词赋建安骨,

淡泊生涯陆羽茶。

道不孤行知路远,

襟怀日日向云霞。

2019 年 3 月

行书《谢梁东兄贺诗依韵并致诸贤》

45

铭记

友人称我寿,

我殇"九一八"。

呱呱坠地日,

国耻近一髪（发）^①。

民族多忧患,

幼小罹病弱。

常年少欢娱,

儿歌唱喑哑。

唯有《松花江上谣》,

旋律渗入骨,

未解歌词意,

泪眼自汩没。

---

① 余生辰与"九一八"相近。

待知"九一八"国耻，

少年心头首次如刀割。

一片爱国心，

点燃烈火炽。

千锤继百炼，

我心熔铁石。

青史历历在，

沧桑八十八。

忘记历史者，

可悲喻自杀。

2019 年 9 月

古树灵根

洪荒古树郁盘根，

大海波涛逐浪生。

一往直前无反顾，

万般历练震回声。

人心有道非枯木，

松柏长年赋性灵。

愈久弥新鸣大铎，

因由代谢故持恒。

雪

地转雪花风转天，

斑离黑白布人间。

枝头幼雀失踪影，

墙外寒梅犹斗妍。

飞絮撒盐儒雅调，

迷津失语故交怜。

无私润物无声息，

隐隐春雷铁槛穿。

2019 年 2 月

诗兴心语

——《三余长吟》自序

闲来读杜甫《解闷十二首》，有些历史背景与人名不曾熟记，觉着费力。在杜甫，信笔所之，解释闷怀，对我却难以做到。倒是再次接触十二首中名句"陶冶性灵存底物，新诗改罢自常吟"引起一番思索。

陶冶性灵，莫过于诗。在作者为"言志"，在读者为"陶冶性灵"，促进人的变化气质，精神升华，虽然各门文艺无不如此，诗的特殊效应绝不能忽视，由诗的特长与民族文化历史造成。

"新诗改罢自长吟"，这是异常美好的境界。作一首新诗，反复修改，直到满意，怡然自得，于是吟诵不已，享受着自我实现的旷达、闲适、自得。"改罢"，其实也有相对性。改，吟，再改，再吟……直到满意为止。"满意"也有相对性，才推动了事物的前进。"两句三年得"并不过分。有位诗友告诉我，有"诗囚"一词，与苦吟相连，又同孟郊、贾岛相关。有人以"诗囚"为乐。从字面看，"诗的囚徒"不免过苦。倘以苦为乐，乐自苦中得来，也未尝不可。在特定条件下，"苦"与"乐"原来可以成为统一体的两个互相转化的方面。文天祥"哀哉沮洳场，为我安乐国"是特殊情况下极高的境界，写出了不朽的《正气歌》。

写诗结集，检阅既往成绩打上一个句号。我先前有冠以"三余"二字的"吟草""续吟""再吟"面世，如今汇总2012年起到2018年止七年间的250余首诗词编成《三余长吟》，"长"字与前面的"续""再"呼应，取了杜老"新诗改罢自长吟"的意境。论年龄，是81岁以后的作品。人到这年纪，一般来说，有了更多的积淀，应当更成熟，更深邃，有自我特色。2013年春，我到台湾、海南三亚，兴致勃勃写下了日月潭、北回归线、鹿回头、天涯海角等系列诗作，许多作品在边游边行中有感而发。古人于泽畔、舟中、马上，于登高、临水以至流浪寄寓……只要有潜在的素质，都可以吟出发自内心的佳作。

不意2013年春畅游之后，得了一场不轻的疾病。医生说要做外科手术，名曰"微创"，看这两个字，我松了一口气，想大概不过如此。可是名实难副，尤其手术之后的内科治疗，延续半年以上使我自幼病弱的身体雪上加霜。我不堪设想病愈之后会是什么模样，常常自问"我还能像以前那样把握手里的硬笔和软毫吗？"住医院期间，看到报载史家小学六名小学生发现六颗小行星，顿时感到兴趣，童心勃发，勉力调动迟钝的思维能力，控制颤抖的手写下了一首七绝。再有《霍金》（七律）是住院时写的另一首诗。霍金一向是我最敬佩的全人类的智者，"轮椅推进古时空"，像他这等人物思考问题肯定不限于"专业"范围。他告诫地球人：如果不逃离脆弱的地球，我们将无法生存千年。他说出了我潜意识中存在而说不出的话。我写下了"人类伊甸千载近，关怀运命发忧忡"作为《霍金》一诗的结句。

终年很少离开居室，贪眠之外抽出少量时间读与写，但总觉得

"行路不远，颇厌闲居"（旧句），想来我是"坐井观天"了，可抬头看，见不着天，那只是白色的楼板，于是突然想到一句"坐井观天画地牢"，又想这年是戊戌双甲子，七律结束时没有忘记"维新百日垂青史，曲折艰难民主潮"。戊戌政变有重要的历史意义，有些贬低"改良"的观点，不是真正的历史唯物主义。

我一直认为，对于创作者来说，生活无所不在，思想可以超越空间、时间，重要的是要对生活充满兴趣，爱惜。题材无分大小，思想的深度、广度才是决定性因素。回顾过去七年，我并不虚度，生活中的一些偶然事件会引发诗意。记得有一回就餐，面前纱窗上飞来一只蝉歇息，鸣声十分美妙，说不定与纱窗发生了某种共鸣吧！蝉的一生短暂，我替它担忧发出"缘何芳翅独留寓，岂有疏桐违素心"的感慨。唐代李商隐的《蝉》开头便是"本以高难饱，徒劳恨费声"，也是同情蝉的身世，不过全诗借蝉表白自己清高廉洁"我亦举家清"。

目镜无意中遭到压损、扭曲，对时刻不离目镜的人来说免不得懊恼。读书暂时休止吧！闭目养神，想满屋满桌的书籍究竟有多少用处？"且将闲杂束高阁，斗室行空独运思。"给自己开个玩笑，解闷。明知"读书识字忧患始"，但不读书是不可能的。我写过"何尝烦乱离尘网，太过天真尽信书"（《奉和刘征<八十自述>》）。

长诗《放龟行》是生活里一件小事，趣事。家里养着一只绿毛龟，添了生趣，一日忽想，龟本在湖海中悠游，如今蜗居，不如放生吧！于是手提丝罗网，向目的地走去，一路上大受注目，有人赞扬龟的相貌奇特，有人猜想这龟肉能大快朵颐，都愿出高价购买，更有人紧跟我后,一旦我将龟放入江湖,立即捞走,我又想捐献有关部门,却遭到冷遇……无可奈何,可爱的绿毛龟仍旧随我回到故处,如同我的亲子一般。"五湖四海尽辽阔,可叹是处暂从容,暂从容!"重读三年前的《放龟行》,颇像一篇小杂文,说的是放龟,从一个侧面透视人情世态。杜甫有《缚鸡行》:"小奴缚鸡向市卖,鸡被缚急相喧争。家中厌鸡食虫蚁,不知鸡卖还遭烹。虫鸡于人何厚薄,我斥奴人解其缚……"这首诗在杜诗选中不多见,杜甫的仁者之心跃然纸上。"不知鸡卖还遭烹",我那绿毛龟如果放行,后果不会好到哪里。

说《放龟行》有点像小杂文,我于1996年写的《自三亚至海口汽车抛锚二十二韵》,也有人评论像小杂文。一辆名牌轿车抛锚,乘客纷纷议论指责,有谓"既是名牌何能坏,长年奔跑终身使",我却站在"名牌轿车"的立场为"他"辩护:"轿车听我转一语,尔为世人尽力矣!今日尔且事休整,有烦顾客劳步履。"轿车被人性化了,过度的劳顿让轮胎"薄如一张纸",怎能忍心继续使用?

抒情言志始终是诗的本体的最重要特征。《论语》论诗的功能:"可以兴,可以观,可以群,可以怨。迩之事父,远之事君;多识于鸟兽草木之名。""兴",想象力;"观",观察力;"群",人际亲和力;"怨",讽刺能力。以上既是学诗的受益,也可用于写诗者须具备的能力。"怨",见不平之事,以公正立场给予抨击,发表议论。诗有"美与刺"之分,"怨"应该接近"刺",没有这一个方面,诗的功能不完美。

《论语》又说诗"可以多识于鸟兽草木之名",照此,诗还可以增加自然知识。《诗经》从"关关雎鸠""参差荇藻"开头，不是有许许多多鸟兽草木之名吗？尽管如此，诗的主要功能不在于教人知识。"雎鸠""荇藻"围绕着追求"窈窕淑女"展开。前面说到有的诗可作杂文看，鲁迅的《自嘲》（"运交华盖欲何求，未敢翻身已碰头……"）便是一例。具有杂文意味的诗也是多样的。有些诗可作散文或当代历史看，如杜甫的"三吏""三别"，从不同角度浓墨疾书人民的痛苦，官吏的无情，战争的残酷……白居易的长篇古诗《长恨歌》从记事角度看有点像短篇小说，叙杨贵妃天生丽质，受唐明皇专宠，然后乐极生悲，导致安史之乱，明皇出奔，贵妃惨死，以后又引出另一个太真，无限恩爱，终以"天长地久有时尽，此恨绵绵无尽期"结束。《长恨歌》寓抒情于叙事，以诗的格律叙事，转韵随内容有微妙变化，加强跌宕起伏之致。

文艺各种体裁如同所有的事物一样个性中有共性，共性中有个性，所以能互相沟通。苏轼的《记承天寺夜游》最多不过一百字，抒情，写景，淡泊空灵，远离人寰而富人情味。这《记承天寺夜游》也无妨当作诗来看。读起来极其轻松自如，有节奏感。诗一般少不了押韵，但我体会以平仄为基础构成的节奏更重要。节奏在生活中无所不在，日月交替，四季轮回，人体循环活动……节奏是生活中存在的美，艺术的节奏美是生活中节奏的抽象规范、美化。音乐中的七个音符可以比作书法的"永字八法"。由基本的乐音、笔法形成节奏，发展为小品直至规模宏大的交响乐或者巨幛长卷的书作。艾青的白话长诗《大堰河——我的保姆》真实描述一个农家妇女平凡、朴实、高尚的形象，十一段，每段字数不等，没有押韵，全靠散文式的文字开

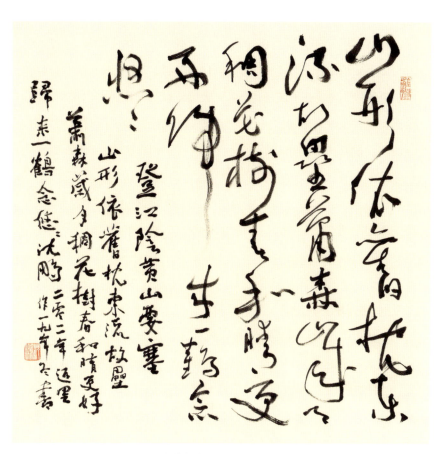

行草书《登江阴黄山要塞》

展，跌宕中有严密的联系，有两个字到四个字的词句排比、呼应，形成节奏，大大加强了抒情色彩，使人感到诗的语言魅力。节奏感构成诗的形式美，依附于特定的内容。不仅前面列举的文言《记承天寺夜游》有节奏与诗感，哪怕好的白话散文也可以作如是观，读起来觉得其中暗藏着诗的语言、意境——无论新体诗或格律诗。

我从不惑之年开始写格律诗，起点不早了。在此之前，生活阅历与读书知识的积累不算丰富，我自少年时代学中国画，虽然爱好，但是束缚于临摹《芥子园画传》不免厌倦，以后长期做美术编辑出版工作，写评论顺理成章。儿童时期就喜欢读诗，缺少旧时教育那份背诵苦读的功夫。写格律诗，应与我的书法创作有密切因缘。我不能满足于在古人诗文里讨生活。"书，心画也"，诗又何尝不是？一旦进入诗词创作，我觉得只要真情饱满，笔底烟云自然生起，基本功夫靠边干边学。凡是过去学到的东西，不期而然"辐射"到诗里，只要能够为我所用。

新诗，少年时代写过一些，以后很少涉足。2016年初忽然从报上看到"引力波"的消息：两个黑洞，合成六十二个太阳质量；还有三个，好似一滴水，时空的涟漪，经过十三亿年飘移到地球。这项消息极大地引起我的好奇心，发挥想象力，这回，很快写成一首新诗《引力波之歌》，刊发以后，有位热情的好友点赞，说我懂得专业甚至比物理学家还要多。唉呀，哪里的话？我仅仅采取眼前所能见到一些资料凭着粗浅的理解信手写成。最最重要的是好奇，想象，充分运用白话诗的语言。一边写着，我觉得自己像初生的婴儿，又俨然大科学家。

事后想，这些年习惯写格律诗，为什么这次发生了改变？这样的选择在当时顺手推舟。现在我站在理性又直觉的观念上看问题，"引力波"这样的内容，要纳入五言、七言的诗句里比较困难，许多单词有三个字或更多，还有一些外语专门名词，难以融入。再说，这个题材很新颖"现代"，应当是我从一开始就酝酿新体诗的原因。

20世纪八九十年代出国，多接触未经阅历的文化古迹、风物人情，除此之外我也不放弃一般旅游团体鲜为涉足的地方。1999年我赴美旅行五十天，在美国留下十八首诗词。雷诺赌场、华尔街股市，我当作整个社会的缩影，"雷池外，虎噬鲸吞。所幸多当铺（指股市周边），任凭囊底无存！"在赌场，一名招待员为吸引我们投注，居然用华语说出一番荒唐话："这里比获得诺贝尔奖金强得多！诺奖才多少美元，这里超过百倍千倍。为诺奖苦一辈子得不到的，在这里马上到手！"哈哈，他如此这般揣摩着知识分子的"心理"！

　　到泰国看人妖表演，我绝无猎艳低下的心态。那些贫困的良家子弟，经过畸形手术，生理心理受到严重摧残，怎么能够设想"有的人妖比美女还要漂亮？"人性的"真""善"遭到践踏毁弃，还有什么"美"可言！要弄"人妖"十足是对真善美的玷污。《鹊桥仙·人妖表演》，我是以这等心态写下的。

　　2016年写的《临江仙·有油画山寨恶搞蒙娜丽莎》，看题目大体明了。恶搞达·芬奇名画《蒙娜丽莎》的举动，早已层出不穷，这回又有美国某教授"别出歪邪"。我的结句是："咱们点燃圣火：供蒙娜丽莎！"糟蹋《蒙娜丽莎》，同前面提到的要弄"人妖"，从本质上看，都是人性丑恶的反映，社会乱象的回照。

　　至此，连同写赌场、股市都运用了词的形式。词与诗抒情写意的本质相同。词为广义的诗，往上推，乐府；往后延伸为曲，都配以音乐。词的初期与近体诗很接近。到全盛时期拉大了距离。王力将词定义为"一种律化的、长短句的、固定字数的诗"，将词与诗的形式作了区别。从辩证法的观点看：第一，这样的区别应属外部形式，有别于内部形式；第二，外部形式影响内容也能对内容起反作用，但是有限，对内容起反作用的主要是内部形式。一种词牌，可以填写出无数不同内容，但词牌（外部形式）的选择与内容不见得完全无关。《满江红》未见婉约，《钗头凤》不入豪放。至于内部形式，虽然受到外部形式一定的制约，但是用韵、节奏感、音乐感等构成形式诸要素的本质联系，与内容统一不可分割。

王国维《人间词话》："词之为体，要眇宜修，能言诗之所不能言，而不能尽诗之所能言。诗之境阔，词之言长。"这段精辟的论述，道出了词的特点，又在与诗的比较中指出各自的个性及共性，既指向形式又指向内容。好的作品充满高尚情操，凝聚着高度思想性和深广的人生境界，在诗化的语言中追求个性的自由表达。唐诗五绝《登鹳雀楼》（王之涣），与长篇七古《春江花月夜》（张若虚）都受外部形式与内部形式的约束又发挥其所长，各自达到了顶端。

本书积七年努力，于诗歌海洋中芹献一粟，就教于同好暨广大读者。菁芜优劣暂所不计，需经过历史的考验。日忽忽其将暮兮，珍惜时光是第一要务。我自问有愧先辈积学大儒，但只要一息尚存，还会保持一片尚未泯灭的童心！

以上，是为自序。

2019 年 3 月于介居

戊戌除夕逢立春有作

无闻炮竹小阴天，

寂寞玄灯守夜穿。

刻报天文立春早，

好风一缕已来年。

2019 年 2 月

"五四"过赵家楼（二首）

严惩国贼先擒王，

硕鼠暗中仓廪藏。

国难当前齐奋起，

千夫所指无疾亡。

火炬照明长夜天，

启蒙号角警沉眠。

春雷初启路程远，

后继应教真谛传。

2019 年 5 月

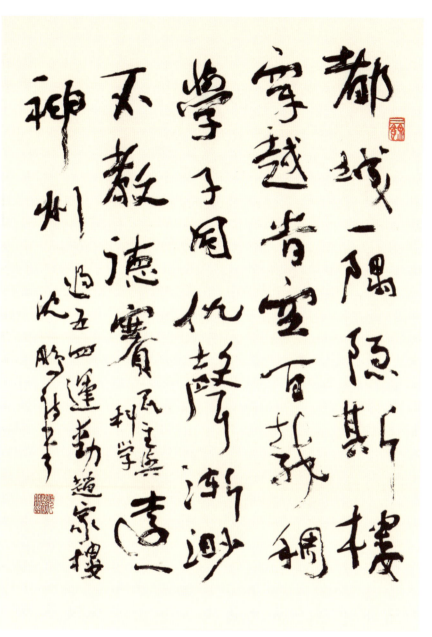

都城一隅隐斯楼，宇越昔室百折稠。学子同仇声渐沙，不教德赛瓦上真科学青一神州

辛巳四迟五四运动赵家楼 沈鹏

行书《"五四"过赵家楼之一》

戏答友人

九秩未臻先寿吾，

仁心厚谊若斯夫。

寿能预借皆长寿，

书请捉刀誉著书。

网络千条信息渺，

案头闲杂分类除。

日行三省亦添累①，

不出家门愧有车。

2019 年 6 月

---

① 《论语·学而》中曾子曰："吾日三省吾身。"

行草书《戏答友人》

题《大江弦歌》①

锦瑟无端五十弦②，

美音和韵大江边。

中华首富携同伙，

更创乐园尧舜天。

2019 年 7 月

---

① 《大江弦歌》由众多书法家写沈鹏取材故乡江阴诗作五十首。
② 唐代诗人李商隐句。

行草书《题〈大江弦歌〉》

民生奖学金启动仪式讲话

　　首先，我们要时刻保持"赤子之心"，清代赵之谦曾说："书家有最高境，古今二人耳。三岁稚子，能见天质，绩学大儒，必具神秀。故书以不学书、不能书者为最工。"伟大的科学家霍金也要回答三岁稚童好奇的问题，一个科学家、艺术家都要时刻保持着一颗赤子之心去看待事物、去研究，才能达到最好的精神状态，才会有所作为，这很重要。

　　其次，我们要对中国古代的几千年的书法抱有敬意，有敬畏之心，但是绝对不能顶礼膜拜却毫无作为。天地玄黄，宇宙洪荒，一切事物在不断地发展，要弘扬原创，尊重个性，同时要有批判精神。

　　再次，雅俗问题。我们只注重"书内"，忽略"书外"。书法艺术是用线条去表现的一种单纯的艺术，但是它通向"意"，它所表现出来的气息很重要，雅和俗便是关键所在。为什么赵之谦讲"三岁稚子，能见天质，绩学大儒，必具神秀"？因为三岁稚子天真烂漫、率真自然，他"不俗"。

2019 年 4 月 2 日

致李克穆先生

宏观经济著鸿篇 [①]，

韵语抒情可纪年。

树蕙滋兰君子意，

山高水远此人间。

2019 年 5 月 13 日

---

① 先生赠我《中国宏观经济与宏观调控概论》及诗词一束。

跃如（用晓川兄韵）

心清炎夏赋闲居，

好友联袂情跃如。

画赏千张观世态，

诗吟一阕动盈虚。

群贤曲水流觞处，

胜日《清明上河图》。

"五四"梦回开世纪，

赵家楼外接长衢。

2019 年 5 月

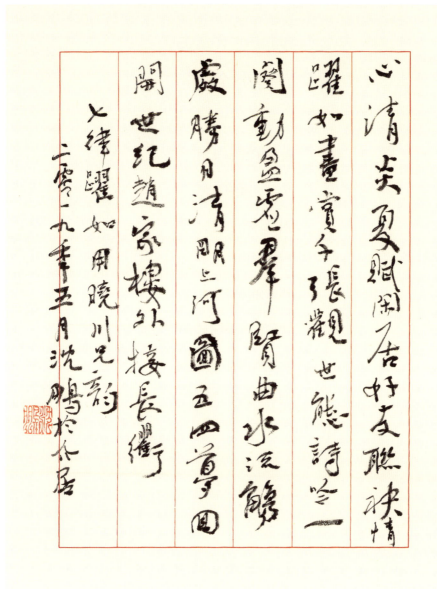

心清炎夏赋闲居　好友联袂情
跃如畫裏賞千張　观世態詩吟一
閑動盈霄翠　賢曲水流觞
歲勝月清明上河圖五四尋回
閱世紀趙家樓外接長衢
七律躍如用曉川兄韵
二〇一九年五月沈鵬於介居

行书七律《跃如（用晓川兄韵）》

69

赠小全

晨昏不计雨兼晴，

手足一身未肯停。

报纸送来先过目，

厨房进出必求清。

捧书如厕烧焦饭，

购物回家退眛金。

夜守视屏今古事，

明朝谈笑可翻新？

2019 年 6 月

辛亥革命百十年　們須努力

中共建黨輕飛紀　不忘初心

蓥尾年頭友朋建議我以辛丑牛為題材撰聯
我却想起了公元紀念年的兩件重大歷史事
件上聯末取孫中山遺囑下聯末用習近平蓥言
二零二零辛丑冬日沈鵬一揮

友人伤足有赠

韧带苦残尚完骨，

真人何惧千般折？

路行扭曲忽微弯，

正视前方不改直。

2019 年 8 月

行草书 《友人伤足有赠》

李前光摄影大家莅临得句

为有灵犀面八方，

荧光闪烁满华堂。

镜头所向开天眼，

物事聚焦藏暗窗。

明昧盈虚咸自取，

哀伤喜庆各逢场。

光阴一瞬营长久，

史迹偶然千载扬。

2020 年 1 月

致敬李文亮
——2020 年农历元宵日

文亮照人间，

力守地狱门。

何物蠢蠢动？

速速杜冤魂。

智者察幽微，

敏感毒迹痕。

奔走发预警，

高瞻心怀仁。

英年方而立，

立己更救人。

救人不顾己，

此身诀永恒。

逆行先知者，

文亮烛征程。

我持一心愿,

结君忘年交。

幸勿嫌鄙陋,

真理卫前哨。

虽无毛瑟枪,

一支小羊毫。

文亮为我师,

仰天赋楚骚。

头条（抗疫组诗十二首）

读报抢头条，

总为数字焦。

时时换上下，

不教信心摇。

（二）

斗室无良伴，

手机传好音。

亲朋依我侧，

罄欬菌无侵。

（三）

天使罩三层，

上苍忧汝闷。

疫情消解日，

个个白求恩。

（四）

白衣风险高，

愧矣欠酬劳。

念彼狼吞者，

惯伸黑手捞。

（五）

不识尊名姓，

疫情据要冲。

濒危舍生死，

高洁仰珠峰。

（六）

嫦娥奔月去，

药散地球人。

内有安神剂，

从容自在身。

（七）

灵药万锤成，

魔高道更深。

控防俱日进，

禀告李时珍。

（八）

力促写"加油"，

分担乐与忧。

隔墙思远道，

诺亚共方舟。

（九）

传谣喷唾沫，

作乱谋心术。

罪孽过新冠，

与之俱寂灭。

（十）

齐心战魑魅，

黑恶苟贪私。

曾母今如在，

坦然不断机^①。

（十一）

亚当与夏娃，

运命本同家。

生死安危日，

反思辨正邪。

（十二）

人世多风险，

及时当远谋。

恐龙繁盛日，

轻击一星球。

2020 年 1—2 月

---

① 见《战国策·秦策二》"曾参杀人"事。

嫦娥奔夕杏藥殼
地球人内有安神劑
讬窅自在身

抗疫組詩選書
庚子沈鵬

隸書《抗疫組詩之一》

致"新进者"书面发言

我早盼着中国书法家协会的盛会，很想参加，看望大家，交流学习。

身体不争气，幼年罹病，困扰终生。我一直在养息的同时，埋头室内案头，尤其是书协的事，从未稍有懈怠。但我不出门。即便如此，前两年室内摔跤六次，每次都忍着。我会像以前一样坚持。

衷心祝大会成功，祝大家康乐！

早已准备好的送大会贺幛，交李昕同志转达，聊表心意。七绝中第二句"人文"，我以为比"文化"意义更深长，追思到文艺复兴、五四运动，以"人"为本，发扬个性。第三句"新进者"，原想是后进来的同志们，但从本质上说，他（她）们是新人，有新思想、新作为，应超越老一辈。

大会时间宝贵，暂此搁笔。

致以革命敬礼！

2020 年 1 月 24 日上午

（原无题，题目为编辑代拟）

放言

登泰岱而小天下，

蛰居斗室却游天。

时空理念从何启？

宇宙中心无定陬。

一粒微尘银河系，

无穷引力黑洞间。

未尝上帝扔骰子①，

爱因斯坦发斯言。

2020 年 1 月

---

① 意谓"上帝"不会任意安排宇宙规律。

步马凯诗兄（二首）

（一）

残雪消融日，

春归大爱时。

五千年禹域，

一小撮魔魈。

略使回天力，

何尝束手迟？

独居心旷远，

逆境亦吾师。

（二）

日日揪心事，

安然谢氏棋 ^①。

逆行迎祸福，

合力赴奔驰。

每念咎由己，

反思贪啮旗。

小虫漫世界，

大道耀华枝。

2020 年 2 月

---

① 东晋淝水之战，谢安坐镇建康，与客人下棋，战争胜利消息传来，而神色自如。（见《世说新语》）

歌徐姨

吾邑江阴周庄村，有老姨徐美英，平时靠拾荒捡垃圾为生，曾有捐善款之举。得悉武汉疫情骤发，她到村委捐款9000元，遭拒，徐姨大哭，村干部为之感动，她又回家取1000元，如愿奉献万元。

吾邑百强首，

拾荒有徐姨。

垃圾勤分类，

废弃得所宜。

节衣复缩食，

心与赤贫齐。

汗血苦积累，

为善无迟疑。

忽闻鄂中事，

倾囊正其时。

万金积万日，

富者一挥之。

徐姨之所为，

世人大惊奇。

政府不忍纳，

徐姨言凄凄。

大发赤子心，

嚎啕胜小儿。

一方有灾难，

同为炎黄裔！

感动彼上苍，

疫菌亦当悲。

明日徐姨起，

夜半不闻鸡。

速速拾荒去，

灾区一脉系。

拾荒唯俯首，

可敬仰天齐！

2020 年 2 月初

抗疫（三首）

（一）

弥漫隐小虫，

秒杀变形踪。

遮掩真相去，

踩跻造化功。

（二）

邪恶闹纷纷，

翻云覆雨身。

无症状感染^①，

菌是伪高绅。

（三）

不畏天作孽，

但恐与天违。

生态频灾祸，

"甩锅"唾沫飞。

2020 年 4 月

---

① 新冠病毒在传播中有"无症状感染"。

抗疫（续二首）

（一）

地球同一体，

人类独辉煌。

颠覆原生态，

更仇疫菌狂。

（二）

甘作逆行者，

耻听顺耳风。

逆行挺真理，

顺耳不由衷。

2020 年 5 月

白心逆行者顺了风逆了众生愿

顺了风逆了众生愿挺

逆行抗疫诗庚子沈鹏诗书

行草书《抗疫诗〈逆行〉》

沈鹏、蓝犁小谈

蓝犁（以下简称"蓝"）：您一向关注现状，多忧患意识。自新冠肺炎疫情爆发，写了诗，能谈谈您的感受吗？

沈鹏（以下简称"沈"）：总共写了十六首，有律诗、古风，其中题为《头条》的十二首防疫组诗以五言绝句写成，时在今年一至二月……

蓝：我读了。其中第一句便是"读报抢头条"。这期间，无论是谁，看报先关注头条消息，那黑体大字肯定与疫情有关。这"抢"字写出了急迫的心态，我以为用得好。

沈：虽然急迫、心焦，但是团结一致应对病毒获取全胜的信念绝对一致，"不教信心摇"。

蓝：您没有忘记歌颂白衣天使。白衣天使建立丰功伟绩，应当永记史册。

沈：她（他）们辛劳，风险大，待遇低，甚至处于弱势群体，我们社会应当为此羞愧。她（他）们"个个白求恩"，对比之下"念彼狼吞者，惯伸黑手捞"应受谴责。

蓝：我看您步和马凯的诗中也有"每念咎由己，反思贪啮旗"这样的句子。"兴、观、群、怨"虽然各有侧重，一般说在诗人是统一体。

沈："咎由己""反思"是把病毒弥漫归到人自身了。病毒诚然是自然界客观存在的物种，人要防控、阻击。而病毒之能够存在、传播、变异……最终是否同地球环境污染、生物链的破坏等等有关，还要从人类自身与自然界的关系中找找原因。我的想法不知是否有理？

蓝：我看您还用大字写标语——"武汉加油！中国加油！"，在社会上有影响。

沈：是某个公共单位要我写的。标语口号和诗各有特殊作用。恕我直言，现在有些防控疫情的诗、对联，带着标语口号的味道，诗味减少。慢慢来，大家共同努力吧！

蓝：您还有什么要说的吗？

沈：疫情还在全世界蔓延。你身在武汉。疫病无国界，祝世界平安，地球人安康！

最近应友人之约，作一副对联：

须放松，世界共命运，口罩摘除待时日；

当警惕，地球一家人，瘟神狡黠犹伺窥。

2020 年 6 月

感 时

诗因行路读书少,

忧以疫情灾难多。

世界包容共同体,

瘟神裂变拼甩锅。

乘危霸道反人道,

内荏厉魔纵菌魔。

佳节欣然逢六一,

少年强国放浩歌[①]。

2020 年 6 月

---

① 梁启超:"少年强则国强。"(《少年中国说》)

93

洛阳牡丹

不似幽兰不是梅，

馨香馥郁畅心扉。

世人都识容颜好，

良药牡根泥里埋。

不似幽兰不是梅
馨香馥郁畅心扉
世人都识容颜好
良药牡根泥里埋

不似幽兰不是梅 馨香馥郁
畅心扉 世人都识容颜好
良药牡根泥里埋

洛阳牡丹大艳一号 庚子沈鹏书斋心

行草书
《洛阳牡丹七绝》

想她，我的故乡

20世纪40年代后期，我在家乡的南菁中学读高中，那里来了一位二十多岁的年青教师李赓序，他思想活跃、爱好文艺。有一次上课，他在教桌上放了一架留声机，这可是个新鲜事物。同学们走向前面观看，又惊又喜。

接着，李老师放了几支曲子，给我留下最深印象的是《教我如何不想她》，我很快大体记住了曲调、歌词，在心中默念，又找歌谱，回到家里独自朗声歌唱。我喜欢这首歌含有多种复杂的感情，深沉的爱与淡淡的忧伤交织着，具备多种色调、时空的变幻。那时期，我和大家一样都是以爱情歌曲解读它的。

我们班上的文艺气氛很浓，体育爱好者多，尤其时兴足球。我未尝不喜欢运动，但是自幼招来的疾病，让我身体孱弱，给我身心造成很大的痛苦。运动场上我常是旁观者、弱者。我曾经趁人不注意的时候去"单双杠"做一些上拉、翻身动作以此增强体力，但是难以坚持下去。

我的兴趣在文艺方面。我找到顾明远、薛钧陶倡议办《曙光》，课余写散文，读新诗与格律诗。班上有不少同学喜爱吹口琴，组织演奏，但不合我兴趣，我觉得它"俗"，而喜欢吹笛子、箫。后来到了北京，单位里的手风琴、扬琴无人暇顾，成了我的"专利品"，我稍有空闲就拉、弹，从来没人指点。一架老式的捷克手风琴不用琴键，用的是"按钮"，我在别处从未见过。

我爱好歌唱，初中毕业的时候，听高班的曹鹏指挥唱聂耳《毕业歌》，使我热泪盈眶，立即记住了全部词曲，至今不忘。我加入过合唱的行列，但更多的是独自在家唱自己喜爱的歌曲，勉强能照着简谱自学。

高中毕业举办文艺活动，我登上讲台，唱我喜爱的《教我如何不想她》。在当时，算是比较大胆的举动。登讲台我不发怵，此前我参加英语演讲、普通话演讲都名列前茅。而这首歌唱爱情的诗曲，在当时相对闭塞的环境下，以我的年龄，不免有些腼腆。终于，对音乐的痴迷，对诗歌的酷爱，使我唱出了"天上飘着些微云……"，直到最后"枯树""野火""残霞"要变调，唱起来越发艰难，因此提升了激昂的情绪，我认为我具备这份情商。同班一位音乐老师的得意门生陈寿楠，他认为我的"音色"好，什么是音色，应当是声音的色彩、色调吧！我自幼学书、画，隐约能悟到它们与音乐的微妙关系，这对后来书法创作大有益处。诗、书、画、音乐之间的融合藏在潜意识深处，当付诸创作、表演的时候，能自然上升到意识层面。怀素《自叙帖》中有"怀素自云初不知"便是。

岁月流逝，对《教我如何不想她》的兴味没有减少，偶尔在青年团的活动中登台演唱。更多的是独自默念、默唱，慢慢地扩大、深化了对这支名曲的认识。好心人提醒我在写作时千万不要把"她"，误写为"他"。

《教我如何不想她》由刘半农作词、赵元任作曲。1920年二人分别在英国与美国，都有深厚的国学根基和西方文化的修养。刘半农，是五四运动的先驱者，推进了白话文改革。刘半农首创的"她"，既是女性的表征，更有多方面的含义。

《教我如何不想她》，当然离不开爱情。《诗经》第一篇便倾诉爱情，朴实无华。爱情至可贵，是人性最真挚的流露、最美好的境界。

《教我如何不想她》紧密结合大自然，寄情于景，以景抒情，四个段落囊括"天上""地下""月光""海洋""落花""鱼儿""燕子""枯树""野火""残霞"……贯穿着春夏秋冬四个季度的流逝。"夫天地者，万物之逆旅；光阴者，百代之过客"（李白），古今共有的浩叹使无数诗人从不同的角度抒发。到刘半农那里，为想"她"，把自己置身于时间与空间无限久远的坐标，与整个大自然融为一体。

《教我如何不想她》无疑更是抒发对祖国的思念。作者远隔重洋，感染着欧风美雨，站在中西方文化巨人的肩上，这时古老的祖国迎来了与封建主义决裂的五四运动，引进德先生和赛先生（民主和科学），充满新的生机。《教我如何不想她》在宏大的历史背景下，歌曲自身又渗透着浓浓的爱国精神，我们希望她兴旺发达，让每个公民保持独立人格，发扬人性，尊重应有的个性……至今仍有重要的意义。先辈思念的"她"，超越时空而永恒。

怀念祖国又如何能够离开家乡？不能设想，一个爱国家的人会不爱自己出生、成长的地方，家乡的每一寸土地，一草一木，一山一水，一砖一瓦，都牵动着游子的心，在家乡生活过的分分秒秒，都成为记忆中水银柱的标格。那永久的爱，有着无比丰富、复杂的内容，随着时过境迁而从各种角度渗入灵魂深处。可是千万不要忘记，爱与憎常常是伴随着的，在生活中遇到可恨可恶的事历久不忘，正因为爱得深刻真挚。

"赤橙黄绿青蓝紫，生我之时颜色死"，我在《自述》组诗开始落笔，写下了上面两句。我生之日，正与日本发动"九一八"侵略战争同年同月，随着年齿渐增，我越发感受到那是何等样的生活……我们逃难，全家挤在小木舟上渡长江；我们徒步行走，父母身上系着大布包，那是我们的全部家当。我们头顶上响着涂太阳旗的飞机，它们低飞擦过。脚底下沟壑、泥泞，路旁有和我们同样的难民艰难行走，有的过于困乏倒下了，也许是永久。啊，我们离故乡越来越远了。故乡啊，你在何处？

"皇军"的铁蹄进驻了故乡，在烧杀之余留下一段相对的稳定以巩固侵略者的统治。我们全家从上海回乡。在上海我先是辍学，又入醒华小学二年半，入浦东中学读一年初中，然后进入南菁中学初二级，直到高中毕业时我独唱、表演《教我如何不想她》。

教我如何不想她！在南菁中学的五年期间是我一生中十分重要的阶段。我真正学到那个年龄的青少年应该学到的知识。我擅长文学。学得不太好的物理、数学，直到现在也还起作用，我学到的与其说是知识大海的点滴，不如说是数理的"思维"，参与到文学艺术中融会一体，每有所得，其乐无穷。

同学们各有所好，但是遇到日语课，都从内心反感。51个假名，记不住，不肯楔入大脑。那个外国籍的日语教师偏强迫我们背诵。背不出，打板子。可怜那位教师的祖国早已受到日本侵略者的统治。

在中学阶段，除了文化知识，我学到最可贵的唯有爱国精神。有的老师上课时提到东北三省，边讲边流泪，使我们做学生的深受感染。有位陈昌言老教师教语文课，国学根基好，性格幽默。有回上课，进教室一语不发，背着身子在黑板上写下两个大字"亲日"，接着慢吞吞地说："冬天的太阳很温暖，夏天太阳灼热难受，'亲日'，合乎日本提出的'大东亚共荣圈'。"黑板上的大字是指自然现象还是什么？要我们回答什么，这作文怎么写，让每人自己去想，交白卷也无妨。

故乡，竟然被侵吞了。走在大街上遇到"鬼子"军，无论单个或一小撮，我们躲远远的，装作不见。每天我从堰桥家中经过高桥、中街到南菁中学，来回四次（中间午饭），过着单调的生活。

故乡有古老的城墙，通往南城的大门上端赫然四个大字"忠义之邦"，如此重大的荣誉是从明末二十多万无辜百姓抵抗三十多万清兵得来的。那场决死斗争持续81日。我曾见过"忠义之邦"四个大字缺失、残损的景象，为之心疼，我们多么需要让一代又一代的人懂得历史。爱家乡离不开历史！

我们竟然还有不能走出"忠义之邦"城门的时候。家有亲戚住在南城外，一向有互相探望的习惯，突然四个大字下面来了守门的"鬼子"军。你要出门，先搜身，过往的人大多习惯用旧布打包，里面装着各种生活用品，必须自动打开，一一检点。更令人发指的是，还要向"鬼子"兵鞠躬。遇到稍不如意，会招来打骂。在我们自己的土地上，遭到这般侮辱，今天的年轻人不能想象。视频镜头上看到，千万不要以为那只是宣传品。《教我如何不想她》，忘记，便是背叛！

我们全家宁肯被关在"忠义之邦"。"不出城！"是我父亲最好的选择。每遇节日，思念亲友之心格外迫切，可是保持人格、维护故乡的尊严更为重要。教我如何不想她！青少年时代的爱国爱乡之心就是在激烈的民族矛盾中养成的。

有一天，城门又大开了。1945年初秋，我清楚地记得自动上大街加入迎接"国军"的行列，参加者无论男女老少都是自发的，满腔热情……以后，我家稍为宽敞的旧房也住进了几名"国军"的小军官，奇怪的是其中有一名还携带着一个在行军途中猎获的农村女子。军官回来，两口子寻欢作乐，忽然又听见打骂声，有时接着嬉笑。

随着历史的巨轮推着前进，我从南昌江西师范大学回归江阴，略事滞留，从江阴搭小火轮到无锡，再从无锡转达上海，经过两天两夜坐火车，命运把我安置到北京前门车站，紧挨着天安门广场，那是1949年10月1日将近正午，划时代的开国大典刚举行过，我们一批南来学子挨近天安门，听着空中持续的礼炮高鸣，环顾周围群众熙来攘往，一切都是那么新鲜又陌生，充满蓬勃生气。啊！我们处于全国核心的核心。一辆卡车摇摇晃晃把我们拉到著名的风景区香山——这是我要长留的地方吧！

住下来，突然一个念头，我离家乡越来越远，一千公里啦！我那时刚好18岁，除了去南昌，再没有这般出远门。从北京往南想，经过黄河再到长江，在离东海滨不远紧挨着长江三角洲的地方，解放军于1949年4月21日从东起江阴西至九江的辽阔地带渡江。接着我想到黄山要塞炮台、兴国塔、君山、大街、南街、中街、堰桥、城墙、护城河、体育场，还有鳞次栉比的商店、雕梁画栋的住宅。不用说，江阴是得天独厚的，十二次连冠"中国全面小康十大示范县市"，获得"全国文明城市""国家卫生城市"的荣誉称号，被誉为"中国制造业第一县"。故乡有无穷的魅力，遇到曾去过那里旅游、访问的朋友，除谈起美味的"长江三鲜"（鲥鱼、刀鱼、河豚）之外，总要谈到江阴的人文环境好，清洁卫生好，空气新鲜，水质洁净，老百姓乐于接待外来客人、刚毅又柔和等。做江阴人有幸福感，无论是长住江阴或是像我这样高中毕业时唱着《教我如何不想她》告别故乡的人，都会从多方面、全方位爱她，拥抱她，思念她，发扬她一切美好的东西。

正因为我对她爱得深，所以她遭受过的不公、屈辱……也总会让我念念不忘。在外的游子，与人谈起明末八十一日抗清，谈起吴国季札、徐霞客、刘半农等三兄弟，立即引起对方的惊嗟、敬仰。江阴，占全国万分之一土地的城市，有着与众不同的时空历史，加入到伟大祖国的行列。

教我如何不想她！我怀着十二分的忠诚向教育我德、智、体、美全面发展的城南小学、南菁中学致敬。城南小学离我幼时生活的外婆家很近。南菁中学有138年的悠久历史，在全国罕有，人才辈出，遍及海内外，是江阴文化教育的一个亮点。直到20世纪80年代，我才知道，城南小学是由我的外祖父王逸旦卖掉家产首创的全县第一所小学。王逸旦的胞兄王心农抗战期间担任过南菁中学校长（时为上海私立漱兰中学）。于是乎，我对母校的感情中又浓浓地注入了一份亲情。

可爱的故乡，如今早已列为全国"首富"的行列。如此美好的鱼米之乡，在困难时期，竟有过饿死人的事。难道不应该引为教训吗？正因为我对故乡爱得深，我才期望故乡更加美好，国家如日中天，更加美好富强！

《教我如何不想她》的歌声，永远在心中回荡。

2020 年 10 月中旬

美国雕塑（二首）

（一）

高跨骏马气轩昂，

新大陆开金库狂。

财富凌云创世纪，

黑奴血泪祭天堂。

（二）

"总统山"巅竖四雄[①]，

巍峨形象面苍穹。

黑人土著竟低首，

应记伤痕天下公。

2020 年 6 月

---

① 美国乔治·华盛顿、托马斯·杰斐逊、西奥多·罗斯福、亚伯拉罕·林肯四名总统的面部雕刻在"总统山"上。

104

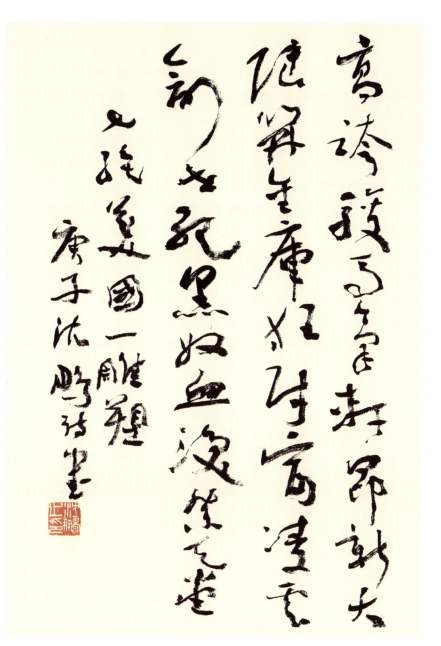

行草书《美国雕塑之一》

诗题楼家本君作黄鹤楼金碧重彩巨型壁画

崔颢高咏黄鹤去，

青莲漫步凤凰游^①。

白云悠悠无尽日，

名楼直上重霄幽。

家本君怀汉唐志，

丹青日夕与同俦。

华夏艺文重荆楚，

泥金浓彩放眼收。

攀持大李将军笔^②，

鹤兮归来更上楼。

庚子岁末沈鹏于介居

---

① 青莲：唐代李白，号青莲居士。

② 大李将军：唐代李思训，开金碧着色画法之先河，其子李昭道继承父风。人称大小李将军。

106

雕 饰

套话连篇赞上恩，

铺床叠架不辞频。

范进早谙雕饰术 [①]，

何须苦炼守清贫。

2021 年 1 月 1 日

---

① 范进：见《儒林外史》。

晨起见雪

梅香拂过苦寒日，

万象更新花草繁。

冷暖有常无定则，

忽惊白雪满林园。

2021 年 1 月

导 航

雨狂风骤一舟扬，

华夏从兹启导航。

田野饿殍先烈血，

猛然回首缓称觞。

2021 年 2 月

赤 帜

赤帜高擎云雾开，

俄为师表识从归。

群星拱奉太平日，

民贵君轻毋使违！

2021 年 5 月

赤帜一首作于中共建党百周年 沈鹏

沈鹏书法展开幕赘言

今天展览开幕，我不能到场，失去了与各位贵宾见面交流的机会，深深地感到愧疚。

我设想我的每件作品长着我的耳目，倾听大家的意见，留下永久的印记，并且反馈给大家。孔子说："朝闻道，夕死可矣。""道"一般解释为真理。孔子对真理的追求非常执着，达到废寝忘食的地步，他对"道"的追求贯穿了他的一生。早晨懂得了"道"，哪怕夕间死去也在所不惜，甚至心安理得。

人生短暂，而道永久地存在，是人类无止境的追求。悟道也是相对性的。我们每天在悟，所得甚微，远不如沧海一粟，甚至有时开倒车。但是不要紧，只要有人类存在，甚至有外星人存在，茫茫宇宙不会寂寞。对真理的认识在相对性中总包含绝对的成分。

孔子还曾说"老而不死是为贼"。老年人听了会不高兴。其实孔子是针对他的朋友原壤之类的人物，指着他说幼时不懂礼节，长大了无贡献，到老了还白吃饭。孔子对人的一生要求非常严格，活到老学到老，不停止奉献。不要作"贼"——害人精。说到此，孔子还用拐杖在原壤小腿上敲了敲。我在一首七律中有联句"运去贼名勤为本，耻求虚誉实相违"，借以自白，亦以自励。

"道"无穷尽，艺无止境。愿我们共同努力。对拙作加以匡正。

感谢在座的与未到会的朋友们！祝康乐！日进！

2021 年 4 月 29 日

索书（三首）

（一）

工具由人好支配，

侈言"心画"不由心。

眼下纷纷求索者，

惟追"福""寿"抵黄金。

（二）

阳春白雪高难识，

普及先行定法则。

何事矫情曰创新？

但云点划休离格。

（三）

书道缘何雅俗分？

夺人耳目便称能。

馆阁道通科举事，

功名添彩上朝廷。

2021 年 2 月

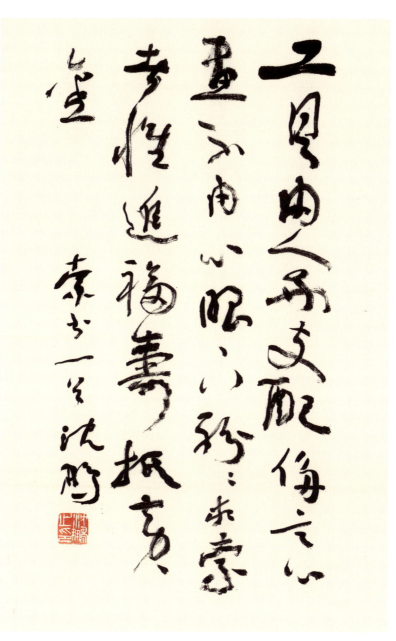

行书《索书一首》

青年节

火星源爆赵家楼，

德赛从兹播九州。

节日已然更名号，

启蒙扼逆话沈浮。

2021 年 5 月

老牛（二首）

（一）

老牛脾性最称犟，

俯首岂甘鞭劈扬。

为有世间多疾苦，

犹将脊背问天良。

（二）

深耕细作不吾欺，

旭日东升夕照西。

最厌朝令暮更改，

一耙倒打诬吹皮。

2021 年 2—4 月

老牛鞭性萎，顿觉色自被磨劲去，年老犹得齐呀。

咏老牛

辛巳春三月涤鹏

行草书《老牛之一》

行草书《老牛之二》

言志为本

前人论文艺，以无意中得之为上。就我个人体验，这等境界得来不易。举一首自作五律：

> 此地尘嚣远，萧然夜雨声。
>
> 一灯陪自读，百感警兼程。
>
> 絮落泥中定，篁抽节上生。
>
> 驿旁多野草，润我别离情。

有位朋友说，读这首诗兴起"念天地之悠悠，独怆然而涕下"的感觉。回忆春天一个细雨蒙蒙的晚上，郊外偏僻的角落，独处斗室，灯下读书，读什么，身在何方，竟完全失去记忆。朦胧模糊之中，脑海瞬间萌发叫作灵感的东西。诗句汩汩而出，不费斟酌，很少修改，潜意识的积累进入意识层面，于是一切置之度外，遗忘，留下的只有四韵八句，不计何为"有我之境"与"无我之境"，对美的追求过程产生的乐趣，大于创造物本身。由此进一步体会到美的本质脱离功利，美的创造与欣赏依赖直觉。

诗歌强调"言志"，任何时代不会过时。从古人遗训中寻求现实意义，才体现出我们这一代人的智慧。为了表达"情"，作诗所需要的一切包括技巧在内的"寄托"必不可少，但都围绕"情"为基点，为归宿。"欺情以炫巧"最要不得。以真情实感作导引，无做作，无巧饰，诗不黏附诗人成为"第二生命"，而与诗人全身心合为一体，即诗人本身。"诗言志"，志即是诗，是诗人本质的存在。在这个意义上，即使暂时作不出好诗，比之以诗人行家里手自居而失去自我者要高明。

　　陈子昂《登幽州台歌》："前不见古人，后不见来者。念天地之悠悠，独怆然而涕下。"诗人失意中的感喟，出于特定条件，诗的意境远远超越了历史的具体性，读者以个人的经历体验诗中的普通性忧思。这种普通性的忧思从历史上许多诗歌中也能找到共鸣。柳宗元《江雪》"千山鸟飞绝，万径人踪灭。孤舟蓑笠翁，独钓寒江雪"其与《登幽州台歌》相类的是，起笔天地之大，落笔一个"独"字。诗人的哲思超越时空，异于常人，使人孤独感油然而生。上述柳宗元、陈子昂之作都是大手笔，比较之下，陈子昂诗更加不事雕饰，没有任何着意成分，全从心胸呼号而出。

　　《尚书》"诗言志，歌咏声，声依咏，律和声"认定的"诗言志"说出了诗的本质特征。散文以至各种文体未尝不"言志"，但诗之于"志"格外凝聚、集中，作者主体性的情感发挥在诗里最为重要。从"诗"如何言志，进一步有了"歌""声""律"。到《礼记·乐记》在"诗言其志也，歌咏其声也"之下还有"舞动其容也"。"舞"不只是运动着的，还要以"容"为内涵。这同"诗言志"一致，并且可以说是"诗言志"的继续与发挥。

以我的认识，舞蹈艺术是进入三维空间了。与诗相结合的书法、绘画，可以看作平面上的表现手段。"三绝诗书画"，一向是古代文人向往的境界。"诗画本一律，天工与清新"，宋代以苏轼为代表，开创诗书画结合的先河。元代王冕画梅，题诗"吾家洗砚池头树，个个花开淡墨痕。不要人夸好颜色，只流清气满乾坤"，堪称诗书画结合的典范。把梅花的色彩视为淡墨，体现作者的想象，再引出后面两句。画与诗（以书法形式出现）结合一体，构图、虚实、上下恰到好处。诗书画结合，映入眼帘的是画与书，而诗实在是整幅作品的灵魂。

前不久，偶然重临《淳化阁帖》片段，有了新鲜感受。觉得王羲之的手迹似乎也平凡，没有大起大落，果真是"不激不厉，风规自远"。然而仔细品味，到处弥漫着内在的张力。作品不容随意拆开、装配，好就好在信笔挥之浑然一体。由此想到，像《怀仁集圣教序》这样的字帖，只一个"集"字便着眼不高，不可能臻于上乘，甚至未免欺世，还有等而下之的便不必说了。其他艺术道理相同。好诗常伴随着佳句、名句自然流出，却非外部移来装点。"采菊东篱下，悠然见南山"，在陶渊明是偶然得来不费工夫，经后人摘出成为千古绝响。"僧敲月下门"，经由推、敲的故事，高下之分似乎有了"定论"，可是在王船山眼里，"只是妄想揣摩，如说他人梦"。无论推或者敲，"必居其一"，"因景因情，自然灵妙，何劳拟议哉"！诗人在特定情景下发挥个性，"推"与"敲"并不存在绝对的优劣之分。禅家之所谓"现量"，即不要有心分别计较，显现真实，不掺虚妄。

当今社会迅速发展，现代化的传播手段层出不穷，书画与诗的数量大增，不无躁动浮泛。"五色令人目盲，五音令人耳聋，五味令人口爽"，两千多年前的老子倘看到今天的样子，不知该怎样言说了。过量的信息使人难以辨别价值高下甚或混淆价值观，导致思想缺失以至可贵的（包括过去与当代）思想也淹没在凡庸、低俗、无聊之中。信息可以激发艺术创作，对真正的艺术家来说，无论何种信息都能碰撞出思想的火花。但是太多的信息把艺术挤向边缘化。信息不能代替深入生活，为了精神的升华，我们需要从最底层汲取源泉。画家不能靠照片代替写生，摄影家的镜头不可能没有选择性。我们的时代并非没有杰出作品，为数极少的杰作被大量噪音混淆，人们来不及或者无心分辨。而噪音却因其喧闹一时得以凸显出来。当我看到为推出"精品"而竭力"打造""制作""拼搏"，总会怀疑：文艺果真如此这般达到繁荣的吗？什么才是意识形态真正的繁荣？艺术的位置要靠群众在历史中检验。唐人自选的两本诗集（《河岳英灵集》《中兴间气集》）竟没有杜甫作品。王羲之在唐太宗以前也远没有登上"圣"的位置。书法有"圣"，显示了价值观的极大变化。"圣"开启了宏伟壮丽的流派，但是未尝没有束缚人的思想。直到帖学衰颓，如同任何事物都有上升下降的过程一样，定于一尊，便走向事物的反面。真正的艺术繁荣离不开多元化局面而无须人为设置。

旧词语有的变化着原先的感觉。比如"应酬"，属中性，有各种姿态。古代有许多应酬之作，送往迎来，席间赠答，真正的好诗绝非敷衍了事。大诗人哪怕一作不真，在批评面前也避不开刀尺的锋芒。像李白"桃花潭水深千尺，不及汪伦送我情"，尽管流传甚广，毕竟失之于浅。比起他的"请君试问东流水，别意与之谁短长""春风知别苦，不遣柳条青"未免逊色。到了现今躁动的环境里，"应酬"的素质降低，无非热闹热闹、逢场作戏、皆大欢喜而已。"应酬"成为一种处世手段，以至拿来象征身份。如说某人多"应酬"，或自诩"应酬"多，便表示有来头、"档次"高。达到华威先生那样的程度，便得其所哉了。看似为公务忙碌的华威，其实在破坏着大的事业。

诗，还是要以言志为根本。在相对的意义上，题材无论大小之分，"志"有高低之别。就旧体诗词来说，不可否认存在语言的隔阂。时至21世纪，还在用古代话语传递情感，怎无方枘圆凿之感?《诗经》里许多语言难懂，在当时是常用的方言。但是到了今天，终究还有人执着旧体诗词，并且拥有一定的读者群。文化有传承性，传统文化既是历史的存在，也以各种形式保留在今天的生活中。当早期四言诗衍变到五言诗，"乐府"古体诗衍变到近体诗，昔日的诗体没有消亡。白话诗出现并不意味着旧体诗从此销声匿迹。以我个人来说，希望多读点情深意切、能与读者平等交流又提高读者精神境界的诗作，至于何种体裁并不重要。写真实，指客观现实的真，而首先是作者意识中的真挚、高远。硬要为某种统一意志服务，依附某种政治口号，违背了文艺的本体特征。

诗的意象内含情与景。情与景要水乳交融，不是凑合。情不是景的附加物，景也不是情的形象化例证。古人评诗，常归结到格调。格调的低下尤以"俗"为大忌。也有以"浅"为病者，可能要看何等意义上谈"浅"。倘若"浅近""浅显"并无不可，甚或是长处。倒是表面深奥莫测，不知所云，掩盖着实际的"浅俗"与"肤浅"最为可怕。所以"雅"与"俗"的区分并不单一，可以从多种角度论述。然而要用逻辑的语言讲"透"必不可能。因为欣赏离不开直觉，每件作品都是自身的存在，要用言语讲"透"，就不再是它自身了。正如《登幽州台歌》《江雪》未尝不能移入画面，但文字语言表达的思想境界绝非绘画语言能尽，绘画语言别有自身长处。从张择端《清明上河图》到齐白石花鸟画，诉诸视觉，超越视觉，文字语言可以形容却不能代替视觉功能。

写到以上暂时搁笔。刚好收到《中华诗词》2011年第十期，读辛亥革命先烈遗言，再读有关先烈遗言的背景叙说，心灵深处震撼不已。诗的不朽首先因为字字句句都从革命者的血管流出。诗词与革命者的生命同在，合而为一。那些绝命诗、悼亡诗、与妻儿诀别的诗、与同志交割心肝的诗，有的根本来不及也不可能深斟细酌。作者绝大多数不以诗人名世，那种惊天地泣鬼神、杀身成仁、义无反顾的不朽精神，使他们成为真正意义上的诗人，留下的少数诗作成为后继者宝贵的精神财富。我们会作几句诗的人仰之弥高，无可企及。当真说，作诗一旦专门为务，便可能失去真正的诗。专业诗人、作家是在社会分工专业化的条件下产生的。屈原、李白、杜甫、王实甫、曹雪芹都不是现代意义上的专业作家。真正的诗人甚至没有意识到自己在"作"诗。多一分"专门"的意念，便多一分刻意，少一分天趣，减一分性灵。

由《中华诗词》刊登的先烈遗作，生发出许多感想。反复吟诵之余，得五言绝句一首：

字字苌虹血，

都从炼狱输。

壮心有如此，

愧听"数茎须"！

不必多说，为了吟安一个字，"捻断数茎须"的认真精神是不可缺少的，思想的直接现实除了语言无迹可寻。诗的语言便是诗人与诗的自身。将散文分行书写，或者套用前人陈词代替创造都不是真诗。再是随大势所趋跟踪谄媚，不识何谓独立人格，表面上义正词严，迎合大众需要，其实失去了自我，不免内心空虚。我们都需要学习，再学习！

（本文取 2021 年旧作改写）

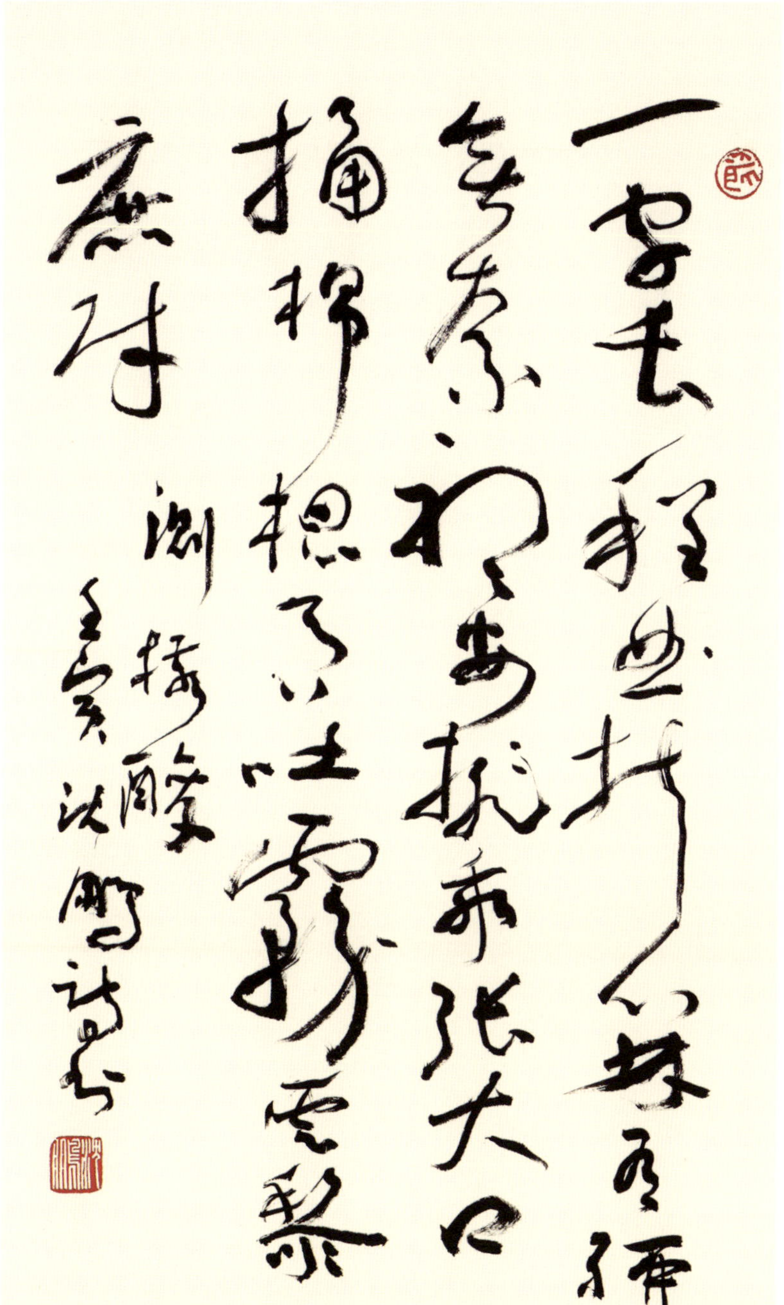

行草书自作诗

读鲁迅小说《狂人日记》

语出癫狂底事因，

四千年史鬼神人。

歪斜字缝中看字，

道貌岸然装点"仁"。

2017 年 6 月

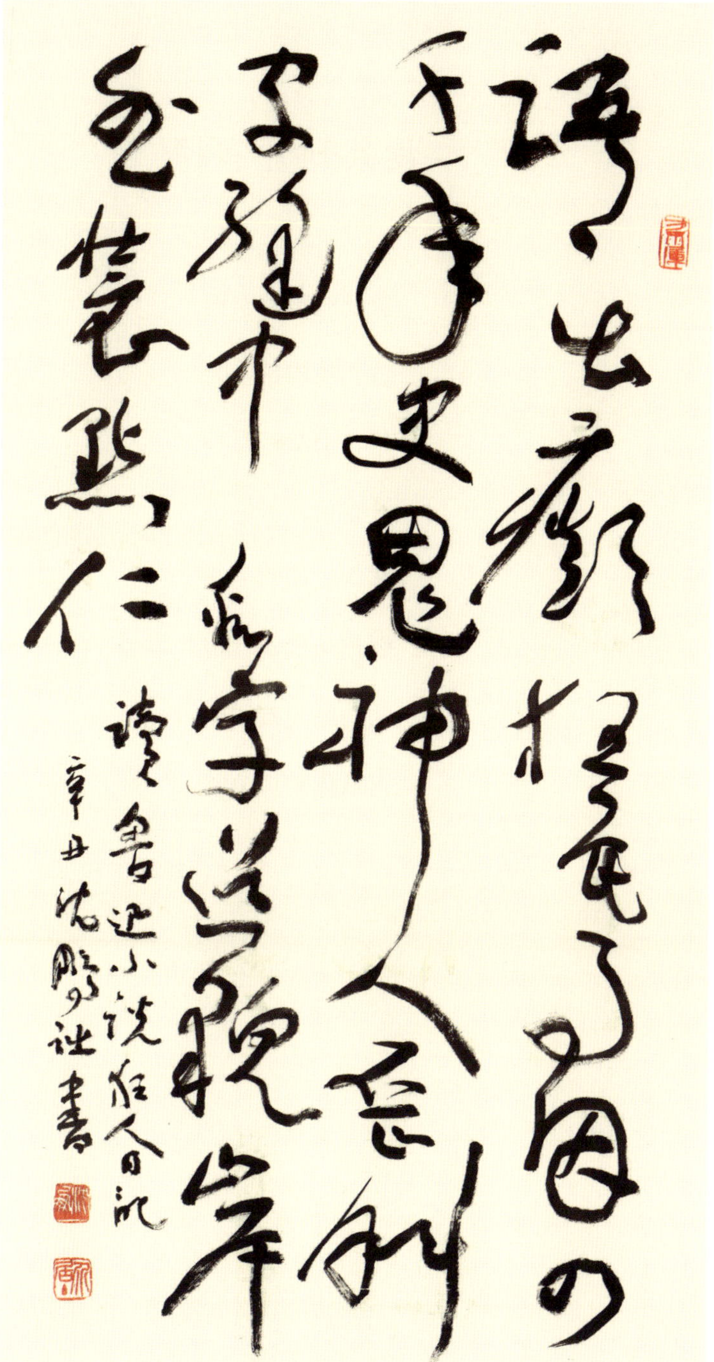

行草书《读鲁迅小说〈狂人日记〉》

读某刊贪官榜

堂皇冠冕锦衣程，

劳苦功成榜挂名。

俯首谦恭怜百姓，

升官使转善纵横。

贿行人托非关我，

财色天然本性情。

法治缘何疏漏网，

再从体制探分明。

2021 年 10 月

行草书《读某刊贪官榜》

贺中国书法家协会成立四十周年

东方文化独秀枝，

雅韵包容天地诗。

最爱多元启心智，

弘扬原创以迎时。

2021 年 10 月

"福""寿"热背后

有朋友索求书法，免不了先问"写什么"，回答"随便"，倘再问，便说"唐诗宋词吧"，再要问便无言以对了。

有位女记者表示特别喜爱苏东坡的《水调歌头·明月几时有》，谈这首词意境高朗、气吞宇宙，富有哲理性。刚好手头不缺文房工具，立时便挥笔写下，她称谢而去。

不料才过一天，这位记者手持我的原稿，充满歉意支支吾吾要求另写。看我有点吃惊，她表示不过是代人办事，那人说词是著名的，可里面有"悲欢离合""阴晴圆缺"，"悲""离""阴""缺"是不吉利的，挂着碍眼。我一边听着倒果真难受起来，问："谁说的？""就是那个老板。"她回答。

老板—中介—书写者。来者不过是中介人，而老板倒有个性。

书法以汉字为本，书法创作者由汉字的形美发挥为艺术，具美感、高尚的意境。

书法本身不含功利目的。可是写得多了，原本的兴趣逐渐减少，创造意识下降，写字便是为了完成任务。于是，"我是不是成了写字的工具？"这个问题不由得提到面前。

人是会使用工具的动物。历史发展到一定阶段，人不仅使用工具，并且自身也成为工具。书法家受社会、经济、政治、意识形态的支配，有形无形之中，自觉或不自觉地成为"笔杆子"。一支羊毫在手，"笔软则奇怪生焉"，它很听话，掌握在书写者手中。"书为心画"，多么美好的境界！可是当书写者本身也成了工具又该如何呢？笔者小时候见过"招财进宝"的拼字，又见到"福禄财喜寿"五字合成如画。因为琢磨着解释出来，不觉自喜。长大了，听说中国人的卑劣从远祖以来遗传着"做官发财"，不肯歇息。待到以后替人"写字"，居然得到了验证。不过"禄""财"逐渐减少，是否社会风气有些变化？不见得。说不定到后来更隐蔽。现今最时兴的，可能在"福""寿"二字，问书写者、索书者，再看公共场合的装饰便知。

"福""寿"非坏事，要看其中包含的理念，以及当今社会的风尚。笔者一向不大喜欢书写"福""寿"，有七绝题名"工具"为证。然而必须坦白承认做过违心事，为迎合"需要"，不伤"感情"……生活中违心事岂止这点？

人活着实在远非为着"福""寿"。尤其是面对损人利己、党同伐异、毁坏自然等，还要想方设法谋个人福、寿，如何了得？书法家如何下笔？要不，便老老实实当工具。现实生活当中指令别人当工具与甘愿当工具者到处都是，或者简洁地说无非教人说假话，乐于说假话。

写到此，桌上递来一本新刊物，凑巧有位书法家在文章中专谈"明月几时有……"的文章。在引用了"人有悲欢离合，月有阴晴圆缺"之后，专门针对豹尾"千里共婵娟"之句大为不满。为什么？回答：这句话"不吉祥"。"但愿人长久"可以祝愿，可是"千里共婵娟"

呢？非要分手。刚结婚就要分手，千里之外，一块看月亮。若要用毛笔写了，不知有多少新婚夫妇来找我算账哩！

这位书法家特意说明，电视台约他书法作品上屏幕正好是中秋节。"不吉祥"更是当然了。

我相信他说的全是真话。他也表示不做"工具"的勇气。东坡词确系宋神宗熙宁九年（1076）中秋题上说明"兼怀子由"。

东坡的豪迈、特立独行，"无意于佳乃佳"……千年来人所共知。他祝愿人间更美好，多"福"多"寿"。从"明月几时有"的大问号，直到豹尾"千里共婵娟"，被如此这般的解释，不知老人家在地下作何感想？

"福""寿"确实很热。

2021 年 5 月

问医（二首）

（一）

业医身处在低层，

治病为人受掣人。

忍见白衣遭白刃，

无良之辈逾瘟神。

（二）

抛开主诉做 CT，

机器胜人无可疑。

望闻问切随他去，

扁鹊华佗隔代奇。

2021 年 2 月

锡庚君书余诗百首有感而作

　　张锡庚君以拳拳之心，历时二年，巨笔书写拙作诗词百首百幅，献与吾侪共同之故里江阴，分享乡亲新朋旧友，以至五洲四海同胞。锡庚所为，诚一佳话也。旋得七绝一首为念：

服膺弗失抱拳拳，

浓墨烟销火一团。

知我者君书解我，

道通天地贵真传。

沈鹏于辛丑小满后

（原无题，题目为编辑代拟）

137

行草书自作诗

張錫廣君以拳拳
之心歷時二年巨筆
書寫拙作詩詞百首
百幅歌與吾儕共
同之故里江陰公享
鄉親新朋奮回友以
正五洲四海同袍錫
廣所為誠一佳語
也旋得七絕一首

书法审美 · 从心而发

——"写意中国——中国文促会书法篆刻邀请展"
前言

　　在世界文化艺术之林中，中国书法是一个独特的存在。书法的载体汉字是中华文明几千年传承延续的基础，如《说文解字》作者许慎所言，为"经艺之本，王政之始，前人所以垂后，后人所以识古"。书法作为一种艺术，承载了一代又一代人文情怀和艺术精神。穷变态于毫端，合情怀于纸上，书法联结着诗词歌赋，联结着金石、绘画、建筑，联结着中国文化一切的审美。要懂得中国文化，不能脱离书法。

　　中国书法一直有着写意的传统。蔡邕《笔论》说："书者，散也。欲书先散怀抱。"古代文人士大夫在书法中追求超逸放逸、与天地精神相往来的境界。性情的流露，胸臆的抒发，触及到中国书法最本质的精神。诗以言志，书为心画，书法最强调"心"的作用，写心是书法美学的最根本的原则，"心"是天赋、精力和体验的积累，是知识学问、人格力量和独立个性的呈现。"永字八法"点、横、竖、撇、捺、提、折、钩，都是心灵运行的轨迹。"情动形言,取会风骚之意；阳舒阴惨,本乎天地之心。"（孙过庭《书谱》）由写心而写意，由写意而气韵，乃至神采、情趣、意境，中国书法一切的审美范畴都从写心出发。

"文革"后，书法艺术遇到了良好时机，成为时代艺术的"宠儿"。书法参与者人数多，发布面积广，书路渐趋宽阔。然而有些基本问题始终困扰着我，比如书法与"写字"到底有什么区别，书法为什么不能没有个性、创造性，书法与其他艺术的共性与特殊性何在，书法的相对独立性表现在哪些方面，在何种意义上谈书法的包容与多元等问题，我们不要厌烦争论，而是要认真深入地探讨。至于对喧嚣烦躁的忧虑，有识之士早已提出。书法的创造，需要在传统、时代、自我三者的脉络之间寻觅契合与平衡。我们尊重个性、崇尚个性，但是传统是颠扑不破的，在传统基点上的"新"值得称道。当代书法的持续发展，要从源头上寻找动力。让广大群众接近传统、理解传统、热爱传统，加深对书法本体的认识，进一步发扬书法的写心、写意的艺术精神。

中国文化艺术发展促进会书法篆刻专业委员会（书法篆刻院）贯彻总会宗旨，弘扬、促进中国文化艺术，是文化人才高地、艺术创新前沿，以"整合文化优质资源，推动艺术健康发展"为目标，积极推进书法篆刻艺术专业的可持续健康发展。本次"写意中国——中国文促会书法篆刻邀请展"，是文促会书法篆刻院的第一次集中亮相。希望本次展览能展现这一批书法家在传承和创造中所做的努力。人能弘道，道能弘人，中国书法的生命力正在于一代又一代书法家的努力。愿广大书法家团结在一起，弘扬书法艺术，弘扬传统文化，为中华民族的全面复兴及伟大的中国梦做出应有的贡献！

2021 年

（主标题为编辑代拟）

诗四首

读《北京晚报·墨缘》烈士遗书

(一)

行行字字平常语,

立定灵魂舍此身。

父母妻儿勤保健,

豺狼魔鬼踞嚣尘。

(二)

胜似窗明几净时,

死生黑狱任由之。

义无反顾惟忠烈,

泪血斑斑来者思。

（三）

过门不入客来稀，

为国为家两难齐。

此日匆匆遗墨迹，

还将歉疚对贤妻。

（四）

举国沉沦大黑狱，

屈居小狱又如何？

草行真体合齐唱，

沛乎浩然正气歌。

2021 年 6 月

占祥仁兄赠新著《精神力》，步其中《生日述怀》一首为感

心花烂漫谱阳春，

万击千磨大写人。

风雨雷霆难可问，

精神力柱百年魂。

2021 年 7 月

行草书《答友人诗以鲐背见贺》

画兰

画兰曰"撇"意飘然，

笔底幽香地天宽。

若不香从花草发，

彩笺何以得清观。

2021 年 7 月

"九一八"九十周年（四首）

（一）

"九一八"鸣长笛，事先安民。

警笛声声霜雪间，

已令青史重拳还。

善告庶民勿传谬，

休言血泪几曾干。

（二）

蚕食鲸吞冤有由，

战神不改战车头。

风云诡谲亦掀浪，

核弹精兵背地谋。

（三）

美谈"爱国"竞时髦，

长笛御风过耳飘。

抵制外物新进者，

维护"民族"又一招。

（四）

地转天旋异域风，

愚民回夸祖先龙。

文化源何自信足？

远离德赛思想穷。

2021 年 9 月

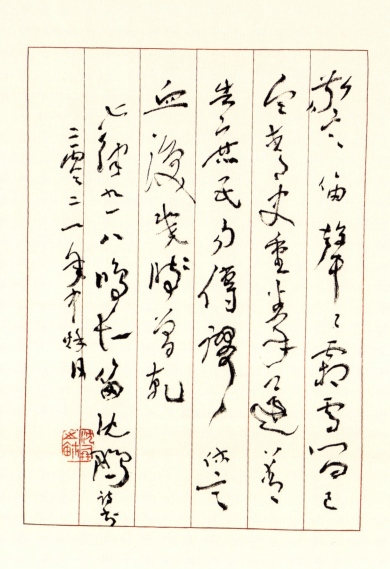

行草书《"九一八"鸣长笛》

149

王麦秆版画随想 ①

麦秆直又硬,

麦芒粗细尖。

铁笔浮世相,

力度见激情。

父从狱中出,

母亲梦旧颜。

屯米者升官,

卖子抱泪泉。

人天两重隔,

战地尸横陈。

大众苦难深,

黑白诉冤魂。

---

① 读《中国书画报》王麦秆专版,其作品主要反映 20 世纪四五十年代的生活。

行草书《庚子国庆中秋之夜》

飓风猛吹打，

倾倒前朝树！

2021 年 10 月

祝"北京冬奥会书法展"开幕

燕都盛事梦成真，

冰雪儿郎热血身。

头顶蓝天冲日月^①，

未来世界向前奔。

2021 年 10 月 26 日

---

① 此次活动以蓝色为主调。

行草书 《祝『北京冬奥会书法展』开幕》

蝴蝶兰

你从何处飞来

贴着一小撮泥

阳光暗淡

空气氧稀

你愿意停驻

——在这里

我愧对你

活泼的双翅

把时间

凝固在永恒

我多么想

把你留在

我身边

伴我寂寞

要知道，外面世界

无聊的喧哗

一阵又一层

加深我的孤独

你的双翅

面向阳光

在时空中

昂扬节奏

想着以微弱的身躯

飞向无边的宇宙

不，我要

留住你

那样会毁坏

你的一切

但我又怎能

忍心，拘留你的

——自由

我宁愿守着寂寞

难耐的孤独

我与你在宇宙中

同样比最小的质子，还要

渺乎其小

你，远走飞翔吧

离开这里

——阴沉的角落

像后羿身上

掉下

一根羽毛

在宇宙中

求索

2021 年 11 月

晨起

向哪里奔

往何处流

晨曦

——黑夜

地球

——宇宙

我呼吸着，无数

看不见的

尘埃

鲜美青绿的蔬食

鱼肉鸡鸭的滋味

暗藏

催促生长的激素

污泥

黑水

伪装，比真的更美

而清纯的水和泥

压在最底层

承受上边

压力

让世界，哪怕淡化

一些

污黑

2021 年 11 月

《书法合体论》序

　　张公者先生以多年的实践、求索，提出了"书法合体"的概念，参与讨论者众多。因为问题涉及书法本质的历史发展与现实走向，具有丰厚的学术内涵和现实意义。"体"是中国书法理论的重要范畴。古代书论，论及"体"的地方颇多。体，是生命物质存在和运动的形态。在中国古典哲学中，它又指"本体"，并与"用"相对，一般认为"体"是最根本的、内在的，"用"是"体"的外在表现。近现代哲学大师熊十力先生著《体用论》，即从"体""用"两个方面，对宇宙人生做了探讨，同时其援佛入儒、纵横古今的学术高度及其"重立大本，重开大用"的人文关怀，都在近现代文化史上留下重要一页。从书法理论上说，对"体"这一范畴的重新叩问，也有助于我们对书法艺术规律有更深的体察与领悟。

　　在古代书论中，关于"体"，总体上看有以下内涵。一曰字体之体，如汉代许慎《说文解字·序》云："秦书有八体。"又如晋人卫恒《四体书势》分古文、篆书、隶书、草书为四种书体，论述其起源和发展。二曰结体之体，是指汉字书写的笔画结构，进入了书法艺术的范畴，如："颜柳结体既异古人"（宋姜夔《续书谱》），"世传王大令书，结体殊不类"（宋黄伯思《东观馀论》）。体是静止的，又在运动中形成，所以有了"势"，如"体势一笔而成"（唐张怀瓘《书断》），"故兵无常阵,字无常体矣;谓如水火,势多不定"（唐虞世南《笔髓论》）。古人对"体"这一范畴的探讨在字体、结体、体势等几个维度上的讨论，在很大程度上，也反映了中国书法深层次的文化含义。体与气、骨、筋、肉、血、脉等术语一样，具有一种"生命观"，从身体到本体再到字体、体势，在中国书家心目中,书法和人体一样，是生命形态，同时体现着中国文化周流不止、生生不息的宇宙观。"集阴阳而动静,体万物以成形"（唐虞世南《笔髓论》），中国书法的审美世界也因此而深刻及丰富。同时，古人又说"书肇自然"，艺术的创造遵循着自然生成变化及运转的规律。而书法的本体价值，实际也正是生命形态在自然形态中物化的表现，书家在创作之时，显现出"主体"与"客体"的交融、情感与形式的统一，这就是孙过庭所说的"情动形言,取会风骚之意;阳舒阴惨,本乎天地之心"。

值得注意的是，书法的发展与字体的变化存在平行又交叉的现象。从书法史上说，一流的大书家或者书法经典作品，往往在字体转变的历史潮流中涌现。由大篆到小篆，乃有李斯秦篆；由隶变乃有汉代隶书的诸多经典，由隶书的草化而有皇象、索靖。王羲之在书法史上的"书圣"地位，实亦有赖于他的"新体"，即行、今草、正书。另以草书的形成和发展而论，湖北云梦秦墓出土竹简（睡虎地秦简）中已经可见合并、连缀等手法，这些手法即可看作后世草书的创作手法的原型。章草的成熟也在楷书和行书之前。今草及后世所谓大草，是由章草演变的。

但是中国书法字体篆、隶、行、楷、草五体书，在其发展中相互渗透。一部分书家在文字字体变化的历史潮流中，勇创新体，获得巨大建树。同时还有更多的书家，在较为稳定的字体形态中，取法古人，发扬自身的个性，发挥创造，也极大地丰富了中国书法审美的多样性。如颜真卿写楷书，字法笔意，每取乎篆籀，深沉博大，在唐人中如一峰突起，其行书则更是屋漏痕篆书笔法。张旭、怀素的草书，其笔法亦通乎篆书。宋代诸家，如苏东坡、米芾行草，在体势上都有隶趣。在审美上，借古入今，乃有古趣，也是一般规律。如傅山，写楷书、行草，时常杂糅篆书形体，到清中叶以后碑学运动，书法审美上更呈现出以上古三代金石趣味为追求的现象，极大改变了中国书法史的走向。一时间，碑学成为书法史的主流。取法金石笔意，甚至取古字进行"合体"的创作现象，在我看来是一种"托古改制"，其中最重要的还是艺术家的原创精神。艺术家的个性，各种"新理异态"的艺术元素，在师古、学古的形态中展现。一如西方文艺复兴，反对神学束缚，而上追古罗马。近代黄宾虹论及清代道、咸以来的碑学，亦常以西方文艺复兴来类比。实际上其追求个性解放的内在思想，中外有着一定程度的一致性。

总体上说，书法艺术的发展，书法家的创造，需要在传统、时代、自我三者的脉络之间寻觅契合与平衡。清人何绍基有云："书家须自立门户，其旨在熔铸古人，自成一家。"熔铸古人，熔铸不同的字体不同的碑帖，自然会产生"合体"的形态，而"自成一家"，打破前人藩篱，就是创造。从书法史上看，王献之以"破体书"为能，创造气势连贯、绵延不绝之"一笔书"，故狭义之"破体书"往往指这种草书，即后人所谓大草，又如唐人戴叔伦《怀素上人草书歌》云"始从破体变风姿"。而在我看来，"破体"的意义更在于不墨守成规、不拘泥形式的创新精神。原创与个性是广义的"破体书"的核心要义。

张公者先生在书法界发起关于"合体"与"破体"的讨论，并邀请我就此撰文为序。前面数点是我对这一问题的个人浅见。在当下的文艺风气中，张公者发起的这一讨论，很大程度上可谓切中时弊。书法的发展，需要这样有高度和深度的争鸣活动。这种讨论有助于大家对传统书论中的一些课题产生更深刻的认识，能推动书法理论研究的拓展与深化。而这些理论探讨中产生的火花，对当代书法创作的发展而言，自然也是不无裨益的。

放 言

登泰岱而小天下，

蛰居斗室却游天。

时空理念从何启？

宇宙中心无定甌。

一粒微尘银河系，

无穷引力黑洞间。

未尝上帝扔骰子^①，

爱因斯坦发斯言。

---

① 意谓"上帝"不会任意安排宇宙规律。

立冬遇雪

欲挽秋光岁已寒，

生年漫说浪寻欢。

小添初雪涤尘垢，

夕卧斜阳入世观。

放眼明知谁为友，

举棋不定众随官。

亦宜自顾门前雪，

紧束楚腰防库干。

2021 年 11 月

行草书 《立冬遇雪》

贺殷实米寿

偶然尘世两相逢，

便有灵犀共趋同。

一袭白衣勤问切，

满身正气育清风。

昔年纤手忙终夕，

今日银丝盘顶峰。

米寿无愁家有米，

尚期煮得茶更浓。

2021 年 12 月 5 日

感 时

诗因行路读书少，

忧以疫情灾难多。

世界包容共同体，

瘟神裂变拼甩锅。

乘危霸道反人道，

内荏厉魔纵菌魔。

佳节欣然逢六一，

少年强国放浩歌[①]。

2021 年 6 月

---

① 梁启超："少年强则国强。"（《少年中国说》）

获百零六岁作家马识途封笔告示感作 ①

士人之笔苟言封？

雨电雷霆叩上穹。

欲罢未休心暂歇，

自强不息意无穷。

《夜谈》老马龙门阵，

故事新编间巷中。

宁教封存真语塞，

管城在握失天聪。

---

① 《夜谈续记》为马老封笔之作。

行草书《获百零六岁作家马识途封笔告示感作》

庚子秋九秩遣怀

有云耄耋古来稀，

再续余年未足奇。

远去"贼"名勤为本 [1]，

耻求虚誉实相违。

风云诡谲无宁息，

环境天然横祸飞。

未泯童心皆我友，

坦诚真话不招危。

---

[1] 《论语·宪问篇》中，孔子责原壤："幼而不孙弟，长而无述焉，老而不死，是为贼。"贼，害人精，此处在特定情况下使用。

赤子之心和生活感受

编《三贤集》是很好的举措。书出版后，黄君同志写了诗，我当时有一首奉和，下面吟诵：

> 时代呼声波音延，
>
> 浪推古哲与今贤。
>
> 三人行有我师在，
>
> 问道解疑忘大年。

这首诗写完以后，第一句平仄、平平、平平平，觉得好像有点问题，但是黄君同志认为我是有意这样安排的，后来他又问了刘征老兄，刘征老兄说，拗体，完全可以的。刘征兄比我年长5岁，他与臧克家、陈光锐是"诗坛三友"，共同主张诗要有思想境界，要有内容，形式上应该有开放的意识。这一点我觉得很好。像上面念的诗，假如我问另外一位先生，比如问王力先生，他给我的指导意见会怎么样呢？也不好说。

三人行，必有我师。这本《三贤集》放在我枕头边，睡觉以前有时会随便翻翻，也说不定从哪儿翻起。比如说翻到刘老的一句诗，记下来了，就是在他遭到迫害那个时候，要上纲上线，挨批斗，"上纲直到天方夜"。这里面有幽默。尽管在那样困苦的情况下，他还要留一个"谈"字让大家去想一想。(《天方夜谈》)这是语言上的一种巧妙，也是他思想境界的流露。

梅兰芳确实是一位伟大的表演艺术家，他演《苏三起解》，到出洪洞县崇公道催促"走吧，走吧"，梅兰芳演苏三声与情都把握得非常精到。一边演，一边流泪，口角还带一丝笑容。笑什么？笑世道的不平，笑自身的命途多舛，这无可奈何的笑更增加了悲凉的意味和感情的复杂性，世上喜怒哀乐是多方面的、多层次的，真艺术家不会简单化。

清代赵之谦，金石书画家、诗人，他说过这样一番话，很有意思："书家有最高境界，古今二人耳。三岁稚子，积学大儒，必具神秀。故书以不学书、不能书者为最工。"三岁小孩不会写字，但是他有天生的童心，他的眼睛老在发亮，老是看这个、看那个，他总要问：我是怎么生出来的？天上的星星在哪儿啊？能去摘下来吗？天空为什么这样大、这样亮、这样蓝呢？这些天真的问题，其实也是最深刻难懂的问题，积学大儒穷其一生学问，往往最后还要归结到这些简单的问题上。赵之谦说的两种人，应该是在这里相通。积学大儒不一定是书法家，但他可能洞见各种事物规律，所以他能懂得很多；三岁小儿虽然不会写字，但是他有一颗童心与想象力。赵之谦把两种人都归于一种素质称为"神秀"。

最近我开始读霍金的一本新书《十问·沉思录》，其实我刚说的小孩的问题也是他在思考的问题、他要回答的问题。苏东坡追问"明月几时有，把酒问青天，不知天上宫阙，今夕是何年？"，一直到最后感慨"人有悲欢离合，月有阴晴圆缺，此事古难全。但愿人长久，千里共婵娟"，由向宇宙发问回到人间。古往今来，都离不开这些大问题，永无休止，只不过不同的人有不同的回答。比如宇宙是什么样的？如果小孩有这样那样的问题，那么大人、大学问家、大诗人怎么回答呢？

屈原《天问》一口气提了99个问题，那么今天我们最伟大的科学家爱因斯坦、霍金，他们也还在回答人类早期的问题。今天认识的宇宙和屈原那个时代大大不同了，宇宙从奇点大爆炸开始，所有的恒星最初也是由奇点开始，最后演变成黑洞等。我们对宇宙的看法，从古到今有很大的变化，可是小孩和大人还是老提这个常新的问题。

孟子曰："大人者不失其赤子之心者也。"大人和赤子之心有共同之点，而且大大提高了赤子之心，倘没有赤子之心，这个大人也不是原来那个意义上的大人了。作为诗人，我们应不失赤子之心，我们要多点好奇心，多点创造力，多一点独立人格。

《三贤集》中，我也看了周笃文老兄的《莺啼序〈全宋词评注杀青感赋〉》，《全宋词评注》是他花费巨大精力完成的一部力作。"十年梦，灯夕花朝，谙得多少甘苦。秃毫伴，盈盈白发，带衣宽尽向谁诉？"词谱里面最长的240个字，分四叠，他写向尊师学习，又想到自己的身世，最后发出了很多感慨，写得情真意切。最后的结句写道："东风吹起骚心，一啸阎门，天还应否？"中国人遇到顺利与失败、亢奋或沮丧，遇到思绪万端、感慨不尽的时候常常要想到"天"。

臧克家先生是我敬佩的，比如他写的《老马》《有的人》真好！但是我读到他那两句诗就有点疑问："狂来欲碎玻璃镜，还我青春火样红"，看我发狂了，怎么我满头白发、脸上发皱、越来越老哇！我要把这个可憎的玻璃镜打碎，回到青春。可是你打碎玻璃镜没有用，一个人总会越来越老的，重要的是我们保持一颗青春的心，我们保持一颗好奇的、有创造力的童稚般的心，玻璃镜你不去打碎它，你照样是年轻的。当然了，臧老是在作诗。作诗要有想象力，这个想象的境界是不是可以更高一点？现在看，这样写是浅薄了些。

昨天晚上黄君同志给我来电话，他说我的诗是有感而发，由衷之言，不是敷衍。我倒觉得这个也对，确实我写诗，并没有刻意地去找一个题材，而是客观的生活、读书、行路给予我启发。

在纷繁的万象面前要多观察，多经历，多实践。《论语》说"朝闻道，夕死可矣"。王朝闻先生跟我开玩笑，说他老不能"闻道"，所以不死。我作诗有一副联句："读书每责贪床晏，阅世未嫌闻道迟。"

我到国外去的时候，好的地方要去，有些不正经的地方也要看看。我去那些地方不是为了满足低俗、庸俗的心理，而是要看看这个社会是什么样的。比如说看赌场，我到美国内华达州，看了雷诺赌场，写了《扬州慢》一词，那里也是一个社会的缩影。赌到输得精光，"所幸多当铺，任凭囊底无存"。赌场周围全是当铺。哈！

又比如看人妖表演，有人说人妖比真正的女性还漂亮呢，我觉得这句话失却人道，没有人性。人家一个贫苦家庭出来，不得已被逼上这条路，这个人都已经身心异处了，你还在那里欣赏他所谓的漂亮。我到泰国去看了人妖表演，写了一首《鹊桥仙》记录我的感受。我觉得人生阅览要宽一点，对社会、对人生的思考要尽量深一点、广一点，笔底的艺术可能独立自得的东西也会多一点。就说这些吧。

（本文据发言记录整理　2022 年）

沉潜之后源头
两处活的灵光

从潜意识深层开启
诗的灵光 壬寅达鹏

石 言

（一）

米颠遇石躬身拜[①]，

我所爱兮生性顽。

有曰人心非似石[②]，

石言最厌雨云翻。

（二）

苍天罅漏补余身，

万劫千磨老更勤。

石已成精输本愿，

毕生奉献利斯民。

2022 年 1 月

---

① 米颠：北宋米芾，爱石如痴。

② 《诗经》："我心匪石。"

"贪""腐"拆解

欲贪珠贝抢当今，

博得生前政坛名。

死后身财俱两朽，

腥膻汗血掠苍民。

鱼肉万千奉上府，

小民鱼肉府佳肴。

拈来"腐"字作解析，

犹恐反腐空化妖。

奥运会滑冰

手足双双并蒂莲，

无穷引力众心牵。

协和大我容天地，

《欢乐颂》歌人性妍。

2022 年 2 月

奥運會滑冰手足雙，並蒂蓮，無窮引力
衆心章，協和大我宫天地，以歡樂頌，歌人性妍。

奥運會滑冰
二零二二年二月沈鹏詩書

行草书《奥运会滑冰》

山大王

人呼山大王，

王也不自知。

人性分奴主，

强弱辨雄雌。

於菟与蝼蚁，

蜉蝣偕鹤龟。

逆旅天地者，

光阴百代驰。

宇宙万千亿，

物类各自持。

虎未必自大，

唯人夸虎威。

哄抬霸王业，

人性卑且微。

弱肉强者食，

恶斗布祸机。

地球万类母，

感叹仁心稀。

苛政除将去，

猛虎藉脱围！

2022 年 2 月

麻 木

手足惊麻木，

践行随屈伸。

此身何若尔？

凡事必亲仁。

2022 年 4 月

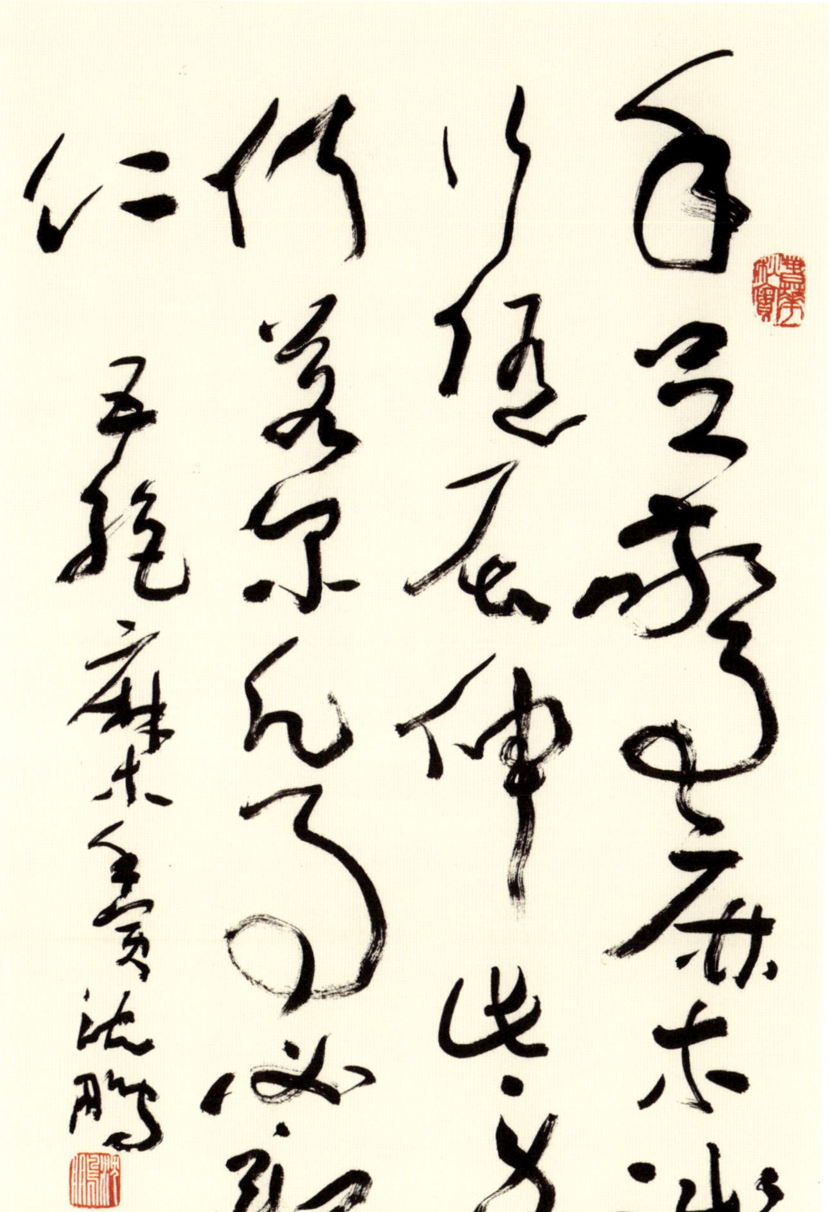

行草书《麻木》

炎 凉

斗室独居乏生趣，

移来野花微吐香。

严寒销尽盼回暖，

与花共计沐春阳。

阴霾渐过花欲舞，

云雾待消我进觞。

忽然玄夜摧冰雹，

世态如斯倍炎凉！

人天有祸谁凭说，

且把花盆置边厢。

2022 年 4 月

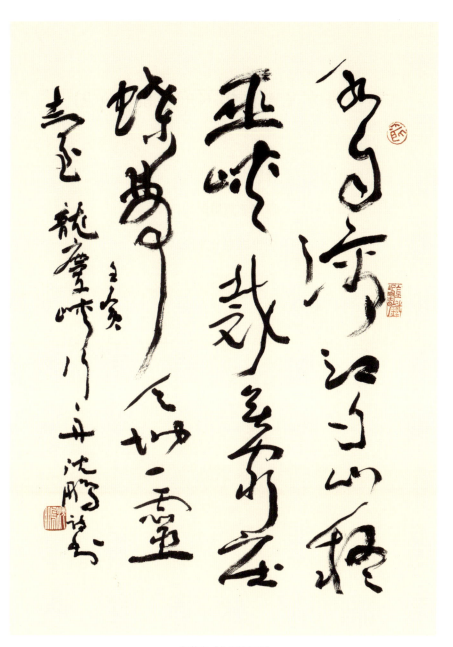

行草书《龙庆峡行舟》

谢马海方兄赠巨幅《乐在棋中》图

汗流小憩入胡同，

绿树嘉阴棋兴浓。

老少围观分楚汉，

京腔习俗海方通。

2022 年 4 月

六一儿童节（二首）

（一）

年年佳节多，

独爱小儿歌。

永葆童心在，

人间长息戈。

（二）

耻听说衰翁，

吾犹小学童。

儿时催早熟，

教育妄居功。

2022 年 5 月

核 桃

树干一何拙，

结实历艰贞。

外壳皱光泽，

内核满充盈。

摇撼息动静，

无由分浊清。

友赐桃一对，

磨手触神经。

全身利通达，

上下交纵横。

竟然通日月，

遐迩相交并。

日月双跳丸，

宇宙之精英。

引力场互动，

万物钟其灵。

天地人一体，

寂坐思玄冥。

2022 年 6 月

四川等地高温

新秋酷热甚于暑，

盆地蒸腾如水煮。

温室凭谁抽火薪，

但求满眼绿荫树。

2022 年 8 月初

壬寅中秋^①

岁岁中秋节，

人间盼团圆。

蓝天悬明镜，

星际引力传。

后羿射九日，

嫦娥良药捐。

双双为民利，

情思万代牵。

2022 年 9 月

---

① 嫦娥为后羿之妻，美丽善良，携药奔月。东汉张衡所著《灵宪》曰："……有黄占之曰：吉。……后其大昌。"

九 一

九九归于一，

生年终有极。

日月巡地天，

万事周期率。

功利弃敝屣，

贪婪愧造物。

宇宙囊心胸，

良知脱胎骨。

2022 年秋

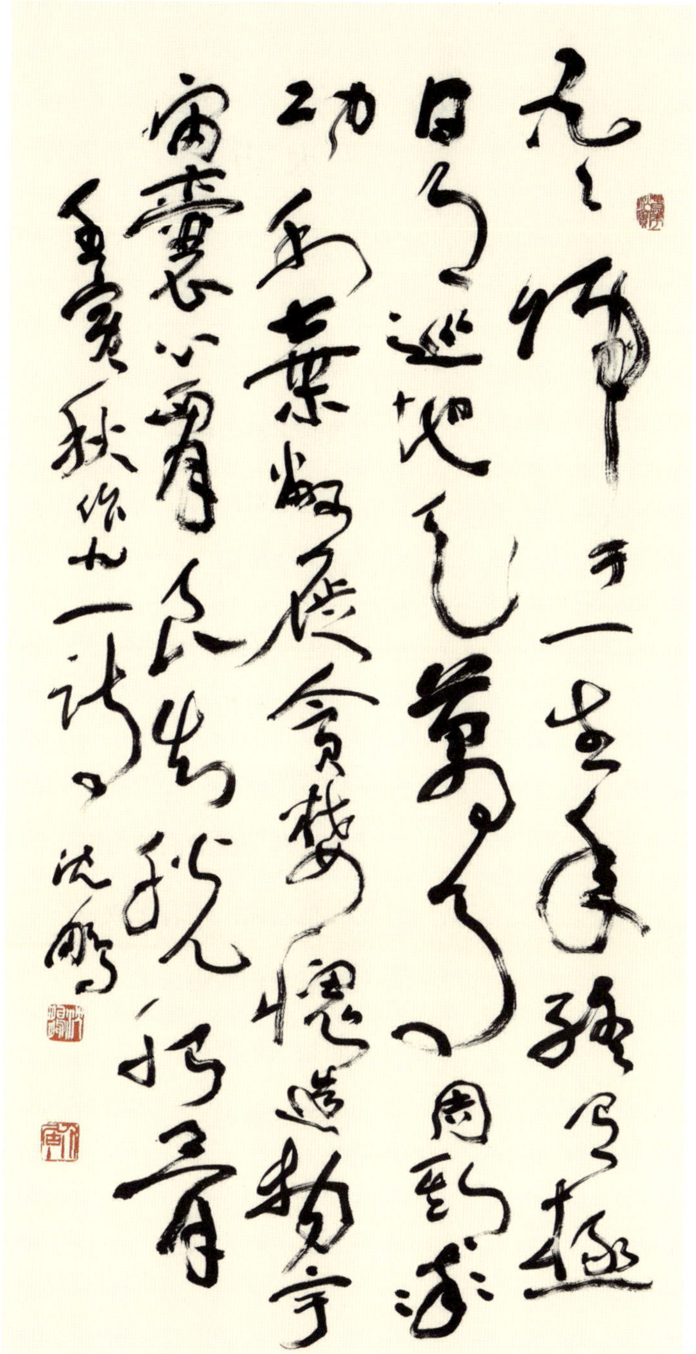

行草书《九一》

大 山

巍巍大山。

我们学愚公精神，

祖祖辈辈，

移走了三座。

茫茫前路，

不识还有几多。

恍惚间，

觉着有一座最高的山巅，

在他后面，还有无数……

蒙蔽我们双眼，

阻挡我们双腿。

苦难的灵魂，

挣扎，奋斗。

祖祖辈辈，

难以超度。

人类的劣根性——

蒙昧，无知。

束缚自身。

一心求个"福"字，

却不知祸从何来。

拳足交加，

枪炮对峙；

青绿色的毁灭，

二氧化碳的弥漫。

人类的自恋，

陷入自残的泥坑，

无穷的混沌。

请容我深思：

何谓战争逻辑？

任何纷争难道都转化为

火车头的正能量？

是人的本能使然，

抑或是人性的悖违？

2022 年 5 月

《荣宝斋350周年诗笺谱》序

我国"四大发明"之一印刷术，与木刻文化密切相契。唐代公元868年的《金刚经》被认为是现存最早的木版印刷品。明末17世纪初，彩色木刻大放异彩，有十竹斋笺谱、诗谱为代表性的例证。

进入近代，新文化革命的先驱鲁迅，对美术有很深造诣，殚精竭虑宣扬木刻，并与郑振铎一起委托荣宝斋重印《十竹斋笺谱》。1933年，又托荣宝斋印制了《北平笺谱》（后更名《北京笺谱》，1958年许广平曾为此作解释），被称为"断代唯一丰碑"。1935年荣宝斋印制出版《荣宝斋制诗笺谱》。

1950年国家倡导公私合营，"荣宝斋新记"成立，事业生机勃发。1951年《北京荣宝斋新记诗笺谱》出版。郑振铎在前言中深情回忆《北平笺谱》的出版，当时有南纸店二三十家，"都已先后改业或停业了，只有荣宝斋还巍然独存，且和人民美术出版社合作营业，欣欣向荣，他有新的作风，肯向新的方向走，前途是很光明的"。历史事实证明荣宝斋不负先辈所望。

笔者还清楚地记得，1952年郑振铎莅临人民美术出版社，与萨空了社长等商议为"木版水印画"正名。"木板"不能代替"木版"，"水印"体现其印刷的特殊性。后面加一"画"字，更加强了再创造的意味，由技入艺。

时光飞逝，日新月异。1672年成立的荣宝斋前身"松竹斋"迄今三百五十周年，被公认为文化界一大盛事。借《北平笺谱》的余韵，接本文上述1951年的《诗笺谱》，荣宝斋今年又推出《荣宝斋350周年诗笺谱》，自《北平笺谱》及旧藏笺纸中精选72帧珍品，以传统线装形式装成一函两册，印三百五十套之数与成立年代呼应。此举为木刻笺谱的出版做出的贡献，堪称又一座丰碑了。

中国的民族文化需要一批有心人不懈地继承传统，弘扬新意，提高水准。

行文至此，得七绝二首为念：

"荣名为宝"享荣名[①]，追溯斯文励治精。
放眼一家南纸店，画图刻缕启新程。

饾版非如散木同，先贤鲁、郑慧心通。
丹青不老留春在，大匠运斤神遇中。[②]

2022 年 5 月

---

① "荣名为宝"见《古诗十九首十一》。
② 散木、大匠运斤，见《庄子》。

再读瞿秋白《多余的话》

毕竟书生成事难,

顽强弱质苦徘徊。

艰危曲折惟求死,

余话低沉非等闲。

2022 年 5 月

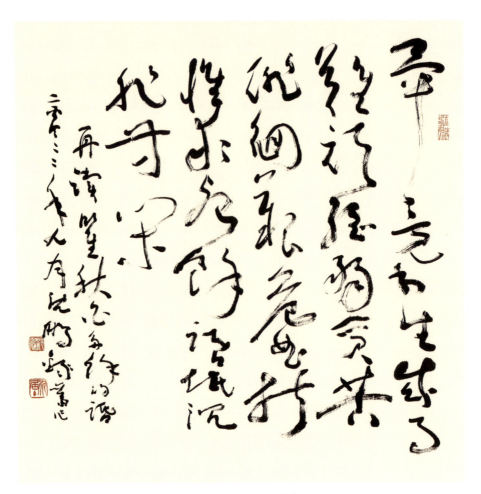

行草书《再读瞿秋白〈多余的话〉》

诗（二首）

（一）

晴天

雨，夹着

雪花

雪在飞舞

拂乱方向

紧跟一阵风

雨没有

滋润大地

且听得闹哄

向上看

——天晴啦！

（二）

一股雷声

隐隐地

轰然

枯草转换青绿

小鸟飞出旧窝

春天的信息

来了！

可是，有的人还在

睡梦中

是雷声太远

甚或太近

有的人

没有苏醒

许久以来

他只习惯

——听一种声音

咏 竹

日照晶帘影，

天然一画图。

夜来复卷去，

皓月又扶疏。

谢赠葵花籽致乡友

江南绿浪播芳馨,

颗粒生成故土情。

君问年来何所事,

依然本性向阳倾。

哀土耳其叙利亚地震

板块之间裂浅深，

难防灾祸隐凶神。

愚庸人类相仇害，

科技新型投战争。

2023 年 2 月

《大师列传》感想

　　中央电视台《大师列传》设立专栏，要我发表有关书法的见解。我怎么被列为"大师"啦？乍听不觉一惊。大师具有经典性，要经过时代的考验。我们时代不能只满足于高原，我们更企求高峰，这是人民大众迫切的要求！但是这又有多难，产生大师要有土壤要有群众普遍文化水平的提高，群众不可能都是书法家，但要懂得从文化的意义上理解书法，书法家自身要具有多方面的修养，不仅仅是会动笔写……书法以外的学养要远多于书内。我有一本《书内书外》，集一个时期内的讲演，包括学书法的经历，对书法的理解，学习的范围有书法历史、书法理论，结合书法实践等算是"书内"，"书外"就广泛了，包括哲学、社会学、文学、诗词、小说……凡是个人爱好的，都选来阅读，绘画、观摩自然科学的理论知识也是我所爱好的，天体物理令人浮想联翩，宇宙多么伟大，地球多么渺小，地球人的诞生多么不可思议！暂时搁下毛笔，想一想，丢掉许多尘俗杂念，扩充胸怀。霍金这样一位从年轻时就瘫痪的病人，继爱因斯坦之后对天体物理理论做出伟大贡献，他的黑洞学说得到了证实，还在发展，抽时间读一读，比写点"应酬"的毛笔字更有味，它教人发挥想象。书法艺术是要有想象力的。幼儿描红只是教每一个汉字的基本写法，是为了学写字。书法要由技进入艺，再进入道。"道"

就是哲学、美学、伦理的境界。所以书法大有益于人生。孔子说他教学生六门课程"礼、乐、射、御、书、数"，他的教学是全面的。"书"，这里主要指教学生识字，懂得字的读音，识义。但也必然包含书法的哲学、美学、伦理的功能。

"宏扬原创，尊重个性；书内书外，艺道并进。"我在主持书法讲习班时，向大家提出十六字教学方针，愿与书法界共同探讨学习。请特别注意，书法这门艺术的个性化。

将当代文化艺术各行各业的有影响力的人物集中访谈，展示他们的艺术履历、发表他们的艺术见解，通过他们与到会者的交谈，发表既有深厚传统，又迸发当代思想火花的语言。整个采访过程安置在一个充满诗情画意的环境中，静谧又生动，青山绿柳，碧水环绕，使观者如入其中。《大师列传》的总设计师与编导者，花费了艰苦劳动，显示他们深厚的学养和创意，值得我们钦佩。

哀土耳其叙利亚地震之二

亚当夏娃情义深[①],

放来下界复近神。

地球回电无宁息,

犹有强权窥战争。

2023 年 2 月

---

① 有《圣经》研究者称，亚当、夏娃所在的伊甸园，位于今天的土耳其、叙利亚等地。

贺祥林兄书法展览

铁笔疏导,

行云流水。

化育万象,

永驻春秋。

何物至贵,

是曰自由。

2023 年 3 月

再读黄炎培周期律

风尘仆仆忠谏陈，

窑洞灯光睿智深。

异地时空周期永？

人民监督放宏声。

2023 年 3 月

题为张智重书法展

念智重

思无邪

生有尽

学无涯

书言志

如其人

求新异

守本真

锲不舍

艺日成

2023 年 4 月

诗为中国书协培训中心三十周年

不以二王弥足珍，

民碑俚俗爱其纯。

广场群浴青春舞，

而立渐臻赤子心。

2023 年 4 月

暮春读旧时解放区民歌

民主风吹解放歌，

气清天朗雨自由。

晦明晦暗暮春日，

待转时机强为愁。

2023 年 5 月